Armin Himmelrath
Katharina Blaß
Die Flüchtlinge sind da!

W0094627

Armin Himmelrath
Katharina Blaß

Die Flüchtlinge sind da!

Wie zugewanderte Kinder und Jugendliche unsere Schulen verändern – und verbessern

hep der bildungsverlag

Armin Himmelrath
Katharina Blaß
Die Flüchtlinge sind da!
ISBN Print: 978-3-0355-0642-6
ISBN E-Book: 978-3-0355-0650-1

Bibliografische Information der Deutschen Nationalbibliothek:
Die Deutsche Nationalbibliothek verzeichnet diese Publikation
in der Deutschen Nationalbibliografie; detaillierte bibliografische
Daten sind im Internet über http://dnb.dnb.de abrufbar.

1. Auflage 2016

www.hep-verlag.com

Zusatzmaterialien und -angebote zu diesem Buch:
http://mehr.hep-verlag.com/fluechtlinge

»Wir leben in einem Zeitalter weltweiter Migration«, schreibt die frühere deutsche Bundestagspräsidentin Rita Süssmuth im Jahr 2008. Sie bezieht sich dabei auf Migration als Teil der Globalisierung, »die durch die schnelle Überwindung weit entlegener Räume verstärkt ermöglicht wird«, sowie die »erzwungene Migration aus existenzieller Not«. Das Wort »Flucht« verwendet sie nicht. Im gleichen Aufsatz beschreibt sie den Status quo für Deutschland: »Im Unterschied zu den 1990er Jahren kommen in allerjüngster Zeit so gut wie keine Einwanderer mehr nach Deutschland (Wanderungssaldo 2007: 22 000).«

Flüchtlinge in oder auf dem Weg nach Europa sind zu diesem Zeitpunkt kein Thema, weder in der politischen Debatte noch in der gesellschaftlichen Wahrnehmung. Dann kommt 2010 der Arabische Frühling, der in Syrien ein Jahr danach jäh in einen Bürgerkrieg mündet, an dem sich wenig später auch die Terrormiliz »Islamischer Staat« offen beteiligt. Als Rita Süssmuth ihre Worte schreibt, ahnt wohl niemand, dass deshalb knapp zehn Jahre später wegen der Flüchtlinge die Koalition in Berlin taumelt und eine neu gegründete rechtspopulistische Partei in acht von 16 deutschen Landesparlamenten sitzt.

Der Krieg trifft dabei nicht nur die Menschen, sondern auch seinen allergrößten Feind: die Bildung. Kinder, die während des Krieges, auf oder nach der Flucht nicht in die Schule gehen, laufen Gefahr, später wegen mangelnder Zukunftsperspektiven auf Abwege zu geraten. Krieg abzulehnen impliziert deshalb die Verpflichtung, uneingeschränkten Zugang zu Bildung zu gewährleisten.

Klar ist: Wenn Lehrkräfte, Schulleitungen, Sozialarbeiterinnen und Sozialarbeiter, schulpsychologisches Personal und nicht zuletzt auch Eltern und Schülerinnen und Schüler erst warten, bis Kultus- und Schulministerien flächendeckende Integrationskonzepte und Umsetzungsstrategien entwickeln und die dazugehörigen Erlasse auf den Weg gebracht haben, dauert es zu lange, bis im Schulalltag und in der einzelnen Klasse wirklich etwas passiert. Von 1,1 Millionen registrierten Geflüchteten allein in Deutschland und nur im Jahr 2015 gehen Experten aus — darunter sind, Schätzungen zufolge, bis zu 400 000 Kinder und Jugendliche im schulpflichtigen Alter. Die Zahlen werden, nach Erscheinen dieses Buchs, noch weiter gestiegen sein. Diese Kinder und Jugendlichen sind zum großen Teil längst im Bildungssystem angekommen.

Und so haben sich unzählige Lehrerinnen und Lehrer sowie andere Engagierte längst an die Arbeit gemacht: In Willkommensklassen und Arbeitsgruppen, in Deutschkursen und Handwerksprojekten, in kleinen und großen Zusammenhängen entwickeln sie täglich aufs Neue ihre Ideen weiter. Erprobte Strukturen gibt es nicht, Blaupausen und fertige Konzepte fehlen. »Es geht nur mit Offenheit und Zuversicht und dem Wissen, dass jeder neue Tag neue Herausforderungen und neue Überraschungen bringen kann«, sagt eine Lehrerin, die an einer Gesamtschule im Ruhrgebiet eine Willkommensklasse mit 14 Flüchtlingskindern leitet.

Wenn man mit den Akteuren spricht, die derzeit im Schulsystem des deutschsprachigen Raums Bemerkenswertes leisten, dann stellt man immer wieder fest, wie begeistert sie von ihrer Arbeit sind – trotz der damit verbundenen Schwierigkeiten. Der Schwung und das Engagement von Lehrkräften und Ehrenamtlichen, die Lust aufs Lernen und die Neugier hunderttausender Flüchtlingskinder haben längst begonnen, unsere Schulen zu verändern und in den meisten Fällen auch zu verbessern. »Wir schaffen das«, ist ein viel zitierter und viel diskutierter Satz der deutschen Bundeskanzlerin zur Flüchtlingskrise. »Na klar, wir schaffen das!« – mehr als einmal bekamen wir diesen Satz bei unseren Besuchen vor Ort in den Schulklassen zu hören. Echte Zweifel daran ließ kaum jemand aufkommen.

Dieses Buch ist eine Bestandsaufnahme, die zeigt, wie es um den Bildungszugang für Flüchtlinge, die in Deutschland, der Schweiz und Österreich Schutz suchen, bestellt ist. Es will Lehrkräften und allen anderen Pädagoginnen und Pädagogen Mut machen, sich der Herausforderung zu stellen, Kinder und Jugendliche aus einer fremden Kultur mit einer manchmal traumatischen Vergangenheit bei uns willkommen zu heißen und ihnen Werkzeuge mit auf den Weg zu geben, mit denen sie hier ein neues Leben in mündiger Teilhabe an der Gesellschaft beginnen können. Das Buch erzählt von Projekten und aus dem Schulalltag, wie der Start gelingen kann. Es arbeitet aber auch heraus, dass es noch vieler Verbesserungen bedarf, um den Pädagoginnen und Pädagogen eine qualitativ und quantitativ angemessene Arbeit und den Flüchtlingen den bestmöglichen Start in ein Leben in Deutschland möglich zu machen. Dabei können sie häufig auf Erfahrungen zurückgreifen, die sie bereits mit Kindern und Jugendlichen mit Migrationshintergrund gemacht haben, also mit jungen Zuwanderern, die nicht als Flüchtlinge nach Mitteleuropa gekommen sind. Auch bei ihnen ging und geht es um schnellstmögliche Integration durch gute Sprach- und Lernförderung, und im

Grunde ist die Herausforderung bei den Flüchtlingskindern eine vergleichbare: Auch sie sollen schnell Anschluss an das Land, seine Kultur und Sprache finden – haben aber, und das ist eine Besonderheit, häufig noch traumatische Erfahrungen gemacht. Umso wichtiger ist es, sich Gedanken um die Integration dieser jungen, neuen Mitglieder unserer Gesellschaft zu machen.

Das pädagogisch-professionelle Handeln sollte dabei im Zeichen der universell geltenden UN-Kinderrechtskonvention stehen: »Bei allen Maßnahmen, die Kinder betreffen, ist das Wohl des Kindes ein Gesichtspunkt, der vorrangig zu berücksichtigen ist« (UN-Kinderrechtskonvention 1990, Artikel 3). Nur so können wir lernen, die Vielfalt in unserer Gesellschaft wertzuschätzen und allen, die hier leben – hier geboren oder hinzugekommen – ein Zusammengehörigkeitsgefühl ermöglichen.

Hamburg und Köln, im Juni 2016

In den letzten beiden Jahren hat die öffentliche Debatte in Deutschland vor allem ein Problem beschäftigt und vielfältige Kontroversen ausgelöst: die unerwartet große Zahl von Menschen, die in Deutschland Zuflucht vor Krieg, Gewalt, Hunger und Not suchen. Mit der Ankunft hunderttausender Geflüchteter werden die Grundwerte unserer Gesellschaft auf die Probe gestellt: Humanität, Hilfsbereitschaft, Freiheit, Rechtsstaatlichkeit und Chancengleichheit.

Die Situation der Geflüchteten ist zugleich die erste große Bewährungsprobe des wiedervereinigten Deutschlands. Angesichts der Tragweite und der Größenordnung des Geschehens kann man ohne Übertreibung von einer Jahrhundertaufgabe sprechen, die indes nicht nur in Deutschland, sondern im gesamten europäischen Kontinent eine Herausforderung für Generationen sein wird. Wir müssen lernen, Zuwanderung als etwas Alltägliches anzusehen und zu gestalten, ein Bewusstsein dafür zu entwickeln und bestmögliche Rahmenbedingungen für die Integration von Menschen unterschiedlichster Herkunft in unseren Alltag zu schaffen, der sich dabei verändern wird. Zugleich sind Regeln zu entwerfen, deren Beachtung gelingende Integration gewährleisten kann.

Das Buch von Katharina Blaß und Armin Himmelrath zeigt uns, wie vielfältig und komplex die Konsequenzen sind, die aus der Aufnahme der Flüchtlinge erwachsen. Das Buch vermittelt die Zuversicht, dass es – trotz vieler Probleme – möglich ist, sie erfolgreich zu integrieren. Das gilt vor allem dann, wenn man früh beginnt und von Anfang an auf Bildung setzt. Erfolgreiche Integration hängt vor allem davon ab, wie es gelingt, auf die erste Generation der Neuankömmlinge, die Flüchtlingskinder, zuzugehen. Die Sprach- und Leseförderung spielt dabei eine Schlüsselrolle. Rund ein Drittel aller Geflüchteten, die derzeit nach Europa kommen, sind minderjährig, mehr als die Hälfte ist unter 25 Jahre alt, und mindestens zwei Drittel haben keinen Schulabschluss, an den sich in Deutschland eine Berufsausbildung anschließen könnte. Oft können sie kaum lesen und schreiben. Hier sind Kurse zur elementaren Bildung und zum Kennenlernen der neuen Alltagskultur gefragt, ehe überhaupt eine Aufnahme in reguläre Schulklassen erfolgen kann.

Das Leitmotiv der Autoren heißt »Verändern und Verbessern«. Dass sich die Schulen in Deutschland mit dieser neuen Herausforderung wandeln werden und verändern müssen, steht außer Frage. So sollten wir in der Tat den Anlass nutzen, Schule von Grund auf anders und neu zu denken, sie umzugestalten und dafür auch neue gesellschaftliche und pädagogische Wege zu beschreiten.

Integration durch Bildung, heißt es – das gilt aber ebenso im reziproken Sinn: Bildung durch Integration. Denn auch für die hier Aufgewachsenen ist es eine wichtige Erfahrung, das Eigene mit dem Fremden konfrontiert zu sehen und zu lernen, diese Begegnung als Bereicherung anzusehen. Es geht ja nicht nur um diejenigen, die zu integrieren sind, sondern auch um jene, die ihrerseits Geflüchtete in ihre Gemeinschaft aufnehmen sollen. Auch das will gelernt sein. Alle Menschen, ob Zugewanderte oder Einheimische, bedürfen der Integration in eine weltoffene, tolerante, freundliche und faire Gesellschaft. Dazu müssen auch alle bereit sein, sich Neuem zu öffnen und dazuzulernen. Nur dann können wir alle heimisch werden in einer humanen, freiheitlich-demokratischen und gerechten Welt.

Geschrieben wurde dieses Buch vor allem für Lehrkräfte, Pädagoginnen und Pädagogen, Sozialarbeiterinnen und -arbeiter sowie politisch Verantwortliche. Es soll ihnen das notwendige Rüstzeug vermitteln und ihnen Mut machen, sich neuen Herausforderungen zu stellen. Es entstand nicht an einem fernen Redaktionsschreibtisch und ist auch viel mehr als eine sorgfältige journalistische Arbeit aus aktuellem Anlass. Die Autoren wollen informieren und motivieren, anleiten und bestärken, dokumentieren und anregen. Damit greifen sie in gewisser Weise selbst ein wichtiges pädagogisches Prinzip auf, das aus ihrem Projekt im besten Sinne ein lehrreiches Buch macht. Lehrreich ist es nicht nur durch die Analysen und Materialsammlungen, seien sie rechtlicher, administrativer oder einfach nur statistischer Art, sondern vor allem durch die unmittelbaren Zugänge: Vor-Ort-Besuche in Schulen oder Einrichtungen der Jugend- und Sozialarbeit, Vorstellung von Modellprojekten wie Willkommensklassen, persönliche Begegnungen und Interviews mit aktiven Gestaltern des Integrationsgeschehens.

Mit dieser Vielfalt von Themen und Aspekten der Arbeit mit Flüchtlingskindern ist ein sehr authentisches Buch entstanden, das dicht an der Praxis, zugleich aber wissenschaftlich fundiert, ein differenziertes Bild der Aufgaben zeichnet, vor denen vor allem die Schule steht.

Prof. Dr. Jan-Hendrik Olbertz
(Kultusminister a. D., Präsident der Humboldt-Universität zu Berlin 2010-2016)

Berlin, im Juni 2016

Inhaltsverzeichnis

Die Situation der Zugewanderten

Zehntausende Zuwanderer kommen nach Deutschland, nach Österreich und in die Schweiz. Wer kommt da zu uns? Erhebungen und Prognosen sind schwierig, aber Tendenzen sind erkennbar.

Wie viele kommen?

Den Flüchtlingszuzug in Zahlen wiederzugeben ist ein ständiges Tauziehen zwischen Erhebung und Prognosen. Die Fakten (BaMF 2016 c) – soweit sie zu erfassen sind – stellen sich als Momentaufnahme wie folgt dar:

➔ In Deutschland wurden 2015 insgesamt 1,09 Millionen Menschen im Datensystem Easy registriert, durch das die Hilfesuchenden nach ihrer Einreise auf deutsche Erstaufnahmeeinrichtungen verteilt werden.

➔ 476 649 formelle Asylanträge (davon 441 899 Erstanträge) wurden insgesamt im Jahr 2015 beim deutschen Bundesamt für Migration und Flüchtlinge (BaMF) gestellt.

➔ Die Erst- und Folgeanträge wurden hauptsächlich von Flüchtlingen aus den Herkunftsländern Syrien (31,1 Prozent), Albanien (11,5 Prozent), Kosovo (7,8 Prozent), Afghanistan (6,7 Prozent), Irak (6,6 Prozent), Serbien (5,7 Prozent), Mazedonien (3,0 Prozent), Eritrea (2,3 Prozent) und Pakistan (1,8 Prozent) gestellt.

➔ Im Jahr 2014 wurden 173 072 Erstanträge entgegengenommen; dies bedeutet einen Anstieg der Antragszahlen um 155,3 Prozent (BaMF 2016d).

➔ Im Jahr 2015 hat das Bundesamt für Migration und Flüchtlinge 282 726 Entscheidungen über die Bewilligung oder Ablehnung eines Asylantrags getroffen (Vorjahr: 128 911).

➔ In der Schweiz stellten 2015 insgesamt fast 40 000 Zuwanderer einen Asylantrag (Staatssekretariat für Migration 2016). Darunter reisten ca. 10 000 minderjährige Flüchtlinge, davon etwa 3000 schulpflichtige, in das Land ein. Das sind 45 Prozent mehr als 2014 (Tagesanzeiger 2016). Die Schweiz hat rund acht Millionen Einwohner.

➔ In Österreich wurden 2015 insgesamt 88 151 Asylanträge (davon 85 617 Erstanträge) gestellt. Das waren rund 200 Prozent mehr als 2014. Die meisten Antragsteller und Antragstellerinnen kamen aus Afghanistan, Syrien und dem Irak (Bundesministerium für Inneres 2016). Wie viele Menschen in Österreich bei der Einreise registriert wurden, das Land jedoch wieder verlassen haben, ist nicht bekannt – Österreich gilt als Durchreiseland auf dem Weg nach Deutschland.

Ca. 9300 zählten unter den Antragstellern laut Innenministerium zur Gruppe der unbegleiteten minderjährigen Flüchtlinge. Insgesamt geht das Bildungsministerium von etwa 8500 bis 9000 schulpflichtigen Zuwanderern aus (Die Presse 2015). Österreich hat rund 8,5 Millionen Einwohner.

Bei der Betrachtung der Zahlen für Deutschland gibt es zwei Momente, an denen es aufgrund der Bürokratie zu langen Wartezeiten kommt: zwischen der Registrierung und der Antragstellung sowie zwischen der Antragstellung und dem Bescheid. Rund 400 000 Personen warten momentan darauf, einen Asylantrag stellen zu können. Das Bundesministerium für Migration und Flüchtlinge (BaMF) bestimmt darüber, wann ein Asylbewerber den Antrag stellen kann, nämlich erst dann, wenn Kapazitäten frei sind, diesen zu bearbeiten. Der Zeitraum zwischen Easy-Registrierung und Asylantragstellung wird statistisch nicht erfasst, kann jedoch einige Monate dauern (vgl. Staib 2016). Ist der Antrag gestellt, folgt die zweite Hürde: die Entscheidung darüber, ob der Antragsteller im Land bleiben darf oder abgeschoben wird. Die Zahl der unerledigten Entscheidungen lag im März 2016 bei rund 370 000 Asylanträgen. Selbst Menschen aus Syrien, die in 98,8 Prozent der Fälle Schutz erhalten, warten durchschnittlich 2,4 Monate auf eine Entscheidung, Menschen aus Albanien 6,8 Monate. Afghaninnen und Afghanen hingegen warten 15,4 Monate, Pakistanerinnen und Pakistaner 20,8 Monate. Die durchschnittliche Dauer der Asylverfahren beträgt nach Angaben des BaMF 5,8 Monate (vgl. Staib 2016). Die Wartezeit verbringen die Asylsuchenden oft in Massenunterkünften – mit unklarer Bleibeperspektive.

Wer kommt?
Rund ein Drittel aller Geflüchteten, die derzeit nach Europa kommen, sind minderjährig (Townsend 2016), mehr als die Hälfte ist unter 25 Jahren (Institut für Arbeitsmarkt- und Berufsforschung 2015). Es fliehen eindeutig mehr Männer als Frauen aus ihrem Heimatland – unter den Asylbewerbern in Deutschland 2016 sind in der Gruppe der 16- bis 18-Jährigen 64 Prozent Männer, unter den 18- bis 25-Jährigen 77,3 Prozent und bei den 25- bis 30-Jährigen sind es 72,5 Prozent (statista 2016). Im Februar 2016 waren 71,7 Prozent der Asylerstantragsteller jünger als 30 Jahre. Zwei Drittel aller Erstanträge wurden von Männern gestellt (BaMF 2016).

Welchen Bildungsstand haben die Zugewanderten?
Über den Bildungsgrad der Neuankömmlinge lässt sich meist nur spekulieren. Der

Bildungsökonom Ludger Wößmann wagt eine Einschätzung anhand der Daten der Organisation für wirtschaftliche Zusammenarbeit und Entwicklung (OECD) aus 81 Ländern zur Schulbildung: »Legt man die Ergebnisse der internationalen Schulleistungsstudien PISA und TIMSS von 2011 – also für die heute 18-Jährigen – zugrunde, ergibt sich ein niederschmetterndes Bild: In Syrien schaffen 65 Prozent der Schüler nicht den Sprung über das, was die OECD als Grundkompetenzen definiert. In Albanien liegt die Quote bei 59 Prozent – gegenüber 16 Prozent in Deutschland. Das heißt, dass zwei Drittel der Schüler in Syrien nur sehr eingeschränkt lesen und schreiben können, dass sie nur einfachste Rechenaufgaben lösen können. Und das bedeutet, dass diese Schüler in Deutschland, selbst wenn sie Deutsch gelernt haben, kaum dem Unterrichtsgeschehen folgen können« (Wiarda 2015). Wößmann konstatiert: »Den zwei Dritteln der jungen Syrer, die nach internationalen Bildungsstandards als funktionale Analphabeten gelten müssen, wird zumeist die nötige Ausbildungsreife für die hiesigen Betriebe fehlen« (Wiarda 2015). Seine Prognose für die Flüchtlinge: »Aufgrund verschiedener Quellen können wir davon ausgehen, dass rund zehn Prozent [der Asylsuchenden] Akademiker sind. Und zwei Drittel keinen berufsqualifizierenden Abschluss haben« (Wiarda 2015).

Im Januar 2016 gab das BaMF eine Studie heraus, für die im Jahr 2014 rund 2800 Asylberechtigte und anerkannte Flüchtlinge unter anderem aus Afghanistan, Irak und Syrien über ihre Lebenssituation befragt wurden. Auch diese Studie kommt zu dem Ergebnis, dass nur zehn Prozent dieser Flüchtlinge einen höheren Schulabschluss gemacht beziehungsweise ein Hochschulstudium abgeschlossen haben (Worbs/Bund 2016).

Eine nicht repräsentative, weil auf freiwilliger Selbstauskunft der Befragten beruhende Studie des Instituts für Arbeitsmarkt- und Berufsforschung kommt zu folgendem Ergebnis: Unter den 2015 interviewten Flüchtlingen haben 13 Prozent eine Hochschule besucht, rund 17 Prozent ein Gymnasium und 30 Prozent eine Haupt- oder Realschule. 24 Prozent der Befragten hatten lediglich eine Grundschule besucht, acht Prozent gar keine Schule (Institut für Arbeitsmarkt- und Berufsforschung 2015: 1). Weiter heißt es in der Studie: »Es kann davon ausgegangen werden, dass die berufliche Qualifikation der Flüchtlinge nicht nur deutlich geringer ist als die des Durchschnitts der Deutschen, sondern auch als die anderer Ausländer oder Migrantengruppen« (Institut für Arbeitsmarkt- und Berufsforschung 2015: 5).

Aus dieser Bilanz schlussfolgert das Institut: »Das künftige Fachkräftepotenzial der Flüchtlinge wird erheblich von Investitionen in Bildung und Ausbildung abhängen. Angesichts des geringen Alters und der schulischen Voraussetzungen bestehen bei entsprechender Förderung erhebliche Qualifizierungspotenziale« (Institut für Arbeitsmarkt- und Berufsforschung 2015: 6).

Integration durch Schule, Integration durch Bildung

Zugewanderte Kinder und Jugendliche verbringen einen Großteil ihrer Zeit in der Schule. Hier knüpfen sie soziale Kontakte, finden neue Freunde und in Lehrerinnen und Lehrern im Idealfall wichtige Bezugspersonen. Neue Freunde können aus dem gleichen Land stammen und in der gleichen Situation sein, was Zugehörigkeit und emotionale Unterstützung angeht. Hinzugewonnene Freunde aus anderen Kulturkreisen helfen bei der Entdeckung der neuen Umgebung und erleichtern die Integration. Diese kulturelle Mischung findet sich nur an einer Schule.

Freunde und soziale Bindungen, aber auch der klar strukturierte Unterricht und feste Regeln machen die Schule zu einem sicheren Ort. »Die Flüchtlingskinder wollen keine Extrabehandlung, sie wünschen sich nur ein ganz normales Leben. Und so sollten sie auch angekündigt und behandelt werden: als neue Mitschüler, die jetzt bei uns lernen möchten« (Greiner 2016). So können Kinder und Jugendliche durch die Alltagsnormalität ihre traumatisierenden Erlebnisse im Laufe der Zeit mit positiven Erfahrungen überschreiben. Das erhöht die Selbstsicherheit und das Vertrauen in System und Gesellschaft.

Eine gute Schule vermittelt Wissen, Sprache und Sozialkompetenz. Nur so ist der spätere Integrationsfaktor Arbeit erreichbar: Die Schule ermöglicht eine Lehre, eventuell ein Studium und/oder eine Hochschullaufbahn. Wer in die Arbeitswelt integriert ist, hat ein festes Einkommen, soziale Kontakte und einen geregelten Alltag. Deshalb ist Schule eine sehr gute Basis für gelingende Integration. Die Kosten dafür machen sich mehrfach bezahlt, wenn Flüchtlinge nicht in prekäre Verhältnisse oder gar Langzeitarbeitslosigkeit verfallen, wie Bildungsökonomen des Ifo-Instituts München für das WDR-Magazin Monitor ausgerechnet haben:

Von einer Million Flüchtlingen sind nach der 2015 verwendeten Statistik 174 000 schulpflichtig. Ein Schulplatz kostet im Jahr inklusive Fördermaßnahmen 7900 Euro – das macht insgesamt 1,4 Milliarden Euro, was 2,3 Prozent aller Ausgaben für die Schulen

(60 Milliarden) entspricht. Wird das Geld im Bildungssystem nicht investiert, muss es an anderer Stelle als Ausgabeposten im Sozialsystem trotzdem veranschlagt werden.

Die Gewerkschaft Erziehung und Wissenschaft (GEW) verlangt, die Bildungsangebote quantitativ und qualitativ auszubauen – von der frühkindlichen über die schulische und berufliche bis zur Hochschulbildung. GEW-Vorsitzende Marlis Tepe macht deutlich, dass die Debatte auf das Thema »Bildung in der Migrationsgesellschaft« insgesamt erweitert werden müsse. »Bildung kann nicht warten! Bildung ist der Schlüssel für gelingende Integration«, sagt Tepe. »Gute Bildung für alle Menschen ist die beste Voraussetzung, um den Zusammenhalt in der Gesellschaft zu stärken, soziale und politische Teilhabe zu ermöglichen, Zugang zum Arbeitsmarkt zu schaffen und für eine nachhaltige Entwicklung der Gesellschaft zu sorgen« (GEW 2016).

So viel zur Theorie – doch wie sieht die Praxis aus?

Die internationalen Schulleistungsstudien IGLU und PISA, die auch einen Einblick in die Ursachen des schlechteren Abschneidens junger Migrantinnen und Migranten im deutschen Schulsystem ermöglichen, zeigen: In Deutschland gestaltet sich die Integration junger Menschen mit Migrationshintergrund ins Schulsystem besonders problematisch. Bereits in der Grundschule bestehen Unterschiede im Kompetenzniveau zwischen Lernenden mit und ohne Migrationshintergrund. Diese Unterschiede nehmen dann im Laufe des Sekundarbereichs noch einmal deutlich zu. Eine besondere Rolle bei der Erklärung der Unterschiede spielen der soziale Hintergrund der Schülerinnen und Schüler sowie das Ausmaß des Gebrauchs der deutschen Sprache innerhalb der Familien (vgl. Siegert 2008).

Die Daten aus amtlicher Bildungsstatistik (Bildungsbeteiligung und Bildungserfolg), Schulleistungsstudien wie IGLU und PISA (schulische Kompetenzen) sowie dem Mikrozensus (allgemeines Bildungsniveau der deutschen Bevölkerung) zeigen: Ausländische Lernende gehen seltener auf Realschulen oder Gymnasien als deutsche, dafür aber deutlich häufiger auf Haupt- und Förderschulen mit dem Förderschwerpunkt Lernen. Ausländische Schülerinnen und Schüler verlassen die Schule deutlich häufiger ohne einen allgemeinbildenden Schulabschluss als deutsche. Darüber hinaus erzielen sie häufiger einen Hauptschulabschluss und seltener einen Realschulabschluss oder die Fach- oder Allgemeine Hochschulreife (vgl. Siegert 2008).

Anhand des Mikrozensus 2006 lässt sich zeigen, dass Menschen mit Migrationshintergrund deutlich häufiger über keinen allgemeinen Bildungsabschluss verfügen als Menschen ohne Migrationshintergrund. Hinsichtlich der vorliegenden Bildungsabschlüsse sind die Unterschiede dagegen eher gering (vgl. Siegert 2008). Aber nicht nur Deutschland bescheinigt die OECD strukturelle Schwächen im Bildungssystem für Migrantinnen und Migranten: In den meisten europäischen Ländern haben Schülerinnen und Schüler aus Migrantenfamilien einen weniger günstigen sozioökonomischen Hintergrund als einheimische, auch der Bildungsstand der Eltern ist geringer.

Volle Klassen, zu wenig Personal: In vielen Grundschulen ist die Klassenobergrenze von 29 Kindern erreicht. »Zu volle Klassen gefährden den Bildungsauftrag der Grundschulen und führen angesichts der großen Herausforderung der inklusiven Beschulung von Kindern mit und ohne Handicap und zugewanderten Kindern zu weniger anstatt mehr Bildungsgerechtigkeit«, sagt Udo Beckmann, Vorsitzender des Verbands Bildung und Erziehung (VBE) Nordrhein-Westfalen (VBE Nordrhein-Westfalen 2016). Grundschulen hätten den Auftrag, alle schulpflichtigen Kinder eines Jahrgangs aufzunehmen und sie dem Grad ihrer individuellen Entwicklung entsprechend zu fördern. In manchen Bezirken von Berlin werden aber beispielsweise immer wieder Flüchtlingskinder abgelehnt, weil es nicht genügend Plätze in den überfüllten Willkommensklassen gibt. »Der Verteilungszufall entscheidet über den Bildungserfolg«, sagt Tobias Klaus von der Menschenrechtsorganisation Pro Asyl, denn das Grundrecht auf Schulbesuch wird in jedem Bundesland unterschiedlich ausgelegt (Reiter 2015).

Darüber hinaus müssen Lehrerinnen und Lehrer in Willkommensklassen ihre Unterrichtsmaterialien immer noch mühsam zusammensuchen – geeignete Schulbücher, die Altersstruktur, ethnische Herkunft und die unterschiedlichen Sprachstände abbilden, gibt es bislang kaum.

Auch das Personal in den Schulen ist knapp: Fast 1000 der 3000 Grundschulen in Nordrhein-Westfalen haben laut Landesregierung keinen Sonderpädagogen angestellt, sollen aber sonderpädagogisch präventiv besonders fördern (VBE Nordrhein-Westfalen 2016). Bundesweit kommt rein rechnerisch lediglich ein Schulpsychologe zurzeit auf 8600 Kinder (Podium der Körber-Stiftung 2015).

Passen die Flüchtlinge in unser Ausbildungssystem?

Die Erhebungen zum Bildungsstand Zugewanderter sind ernüchternd. »Wir müssen uns darauf einstellen, dass die Mehrheit der jungen Flüchtlinge an einer drei Jahre langen Vollausbildung mit hohem Theorieanteil scheitern würde. Laut Handelskammer München und Oberbayern haben 70 Prozent der Auszubildenden aus Syrien, Afghanistan und dem Irak, die vor zwei Jahren eine Lehre begonnen haben, diese bereits wieder abgebrochen. Darum müssen wir ihnen andere Angebote machen; ihnen mehr Ausbildungsbegleiter an die Seite stellen; über teilqualifizierende Ausbildungen nachdenken, die stärker die praktischen Fähigkeiten betonen und die theoretischen Grundlagen begrenzen. Es gibt schon solche Berufe, etwa den Krankenpflegehelfer. Ähnliches muss auch in anderen Branchen möglich sein, bei Maurern zum Beispiel. Wir brauchen mehr einjährige Qualifikationen – mit der Möglichkeit, diese später in eine Vollausbildung auszuweiten«, sagt Bildungsökonom Ludger Wößmann (Wiarda 2015). Die Integration ist eine große Herausforderung, aber nicht nur für die Aufnahmegesellschaft, sondern auch für die Flüchtlinge selbst. Viele sind motiviert, berichten Pädagoginnen und Pädagogen. »Wie polnische, syrische, kurdische und albanische Kinder mit Feuereifer gemeinsam Deutsch lernen, hat mich tief beeindruckt«, sagt auch die Vorsitzende der Lehrergewerkschaft GEW, Marlies Tepe, nach einer Rundreise durch Deutschlands Willkommensklassen. Laut OECD sind Einwanderer der ersten Generation wegen des mit der Einwanderung verbundenen Optimismus grundsätzlich zur Integration motiviert. Es wird jedoch auch immer wieder von Schülerinnen und Schülern berichtet, die anstreben, sich in das soziale Sicherungsnetz Deutschlands fallen zu lassen.

Aus der Geschichte lernen

Als in den 1960er Jahren überwiegend italienische Gastarbeiter in die Bundesrepublik und vietnamesische Gastarbeiter in die DDR kamen, ging die Politik davon aus, dass sie eines Tages in ihre Heimat zurückkehren würden. Es kam anders: Drei Millionen Migrantinnen und Migranten blieben in Deutschland – und holten ihre Familien nach. Statt konzeptorientierter Integrationspolitik gab es jahrzehntelang vorwiegend sogenannte Ausländerpolitik, die kaum mehr war als Arbeitsmarktpolitik, angewendet auf Ausländer. Die Versäumnisse in der Integration bestanden auf beiden Seiten – die Aufnahmegesellschaft ignorierte die neuen Mitbürginnen und Mitbürger, die Arbeitswanderer ignorierten in vielen Fällen die Aufnahmegesellschaft (vgl. Bade 2007). Das sollten wir alle nun besser machen und den Wandel aktiv gestalten.

Zu Besuch beim Verein »Schüler Treffen Flüchtlinge e.V.«

Wie Berliner Schülerinnen und Schüler für Kontakte zu Flüchtlingen sorgen.

Ein Dienstagmorgen in der Georg-Klingenberg-Schule in Berlin-Biesdorf, einer Integrierten Sekundarschule (ISS), die als Schulform in Berlin seit 2010 Haupt-, Real- und Gesamtschule zusammenführt.

Normalen Unterricht gibt es diese Woche in der Klingenberg-Schule nicht, denn die Schülerinnen und Schüler arbeiten im Rahmen der Projektwoche in besonderen Arbeitsgruppen. In Raum 404 haben sie sich zum Projekt »Flucht und Vertreibung« versammelt und begrüßen als Gäste unter anderem Ahmed, 19 Jahre alt, aus Syrien, und Othman, 28 und aus dem Irak. »Wir haben an unserer Schule keine eigene Flüchtlingsklasse und auch kaum Kinder mit Migrationshintergrund«, sagt Monika Kassner, Referendarin an der ISS und eine der Betreuerinnen des Projekts. In der Fachkonferenz Ethik hatte sie zusammen mit ihren Kolleginnen Caroline Gruhne und Anja Pribbenow überlegt, wie sich der Projektwochenschwerpunkt »Buntes Berlin« mit dem aktuellen Flüchtlingsthema in Verbindung bringen lässt. Und auch, wie man Schülerinnen und Schülern vermitteln kann, dass es Flucht und Wanderungsbewegungen in der Geschichte eigentlich schon immer gab und sie deshalb als Phänomen nicht neu, sondern völlig normal sind.

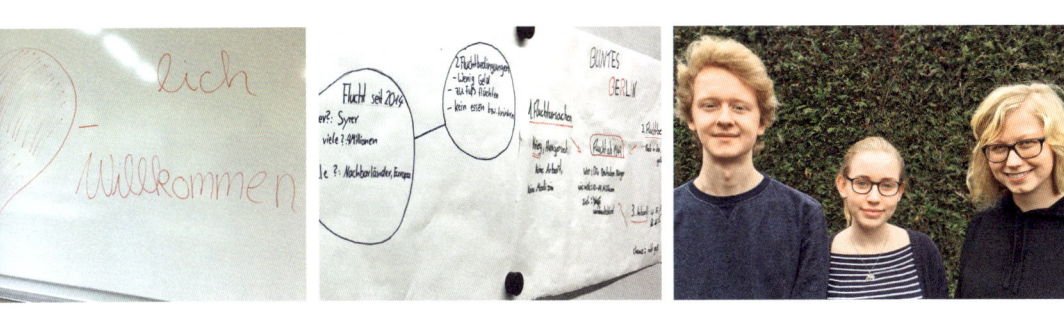

Bild rechts: Joshua Kriesmann, Helen Schmitz und Paula Fredrich von »Schüler Treffen Flüchtlinge e. V.«

So sind an diesem Morgen mehrere ältere Berlinerinnen und Berliner dabei, die als Zeitzeugen von den Flüchtlingsströmen nach dem Ende des Zweiten Weltkriegs berichten können – und eben Ahmed und Othman, die beide erst seit einigen Monaten in Deutschland leben. Den Kontakt zu den beiden Flüchtlingen hat der gemeinnützige Verein »Schüler Treffen Flüchtlinge e. V.« hergestellt, der von Lernenden des europäischen Gymnasiums Bertha-von-Suttner in Berlin-Reinickendorf gegründet wurde. Helen Schmitz und Paula Fredrich, beide 16 Jahre alt, sind in diesem Verein aktiv und begleiten Ahmed und Othman heute. In kleinen Tischgruppen sitzen sie jeweils mit einigen der Acht- und Neuntklässler von der ISS zusammen und helfen, die erste Scheu beim Kontakt zu den jungen Männern aus Syrien und dem Irak zu überwinden. Die Schülerinnen und Schüler haben sich Fragen aufgeschrieben.

»Mit wem sind Sie geflohen?«, wollen sie von Ahmed wissen. »Wie war die Flucht? Haben Sie einen Schaden davongetragen? Hatten Sie Essen und Trinken dabei?« Der 19-jährige Syrer überlegt kurz, bevor er antwortet. Er sei mit seiner Familie vor dem Bürgerkrieg in Syrien geflohen, berichtet er. Und es gebe viele, sehr viele schlechte Erinnerungen, die ihn immer wieder bedrücken. Der Hunger und die Frage der Versorgung sei da eher das kleinere Problem gewesen. Andererseits habe er seit seiner Ankunft in Deutschland keine Benachteiligung erlebt und sei sehr dankbar, dass er jetzt in Sicherheit sei.

»Viele Schüler haben hier schon ganz bestimmte Vorurteile Flüchtlingen gegenüber", erzählt eine Lehrerin unterdessen. Diese drehen sich um die Belästigung von Frauen und den Diebstahl von Handys, und genau an diesem Punkt will die Projektwoche ansetzen, um bisherige Denkgrenzen aufzusprengen. In den Gesprächsrunden kann man sehen, dass das Konzept aufgeht: Nachdem die anfängliche Zurückhaltung überwunden ist, kommt schnell ein Gespräch zustande, bei dem die ISS-Lernenden sich voller Stolz bemühen, bei Verständnisproblemen auf Englisch weiterzufragen.

Am Tisch nebenan erzählt Othman von seiner Flucht vor der Terrormiliz »Islamischer Staat« aus dem Irak. Sein Leben geriet in Gefahr, weil er den Familiennamen Mohammed trägt – und damit in den Augen der Fundamentalisten Gotteslästerung begeht. Seit dem 3. Oktober 2015 ist Othman in Deutschland, »um ein neues Leben zu beginnen und alles Schlimme hinter mir zu lassen«. Schnell wird klar: Für die Schülerinnen und Schüler der Projektgruppe ist dies eine willkommene Gelegenheit, das Thema Flucht und Vertreibung ganz genau zu hinterfragen und einen eigenen Zugang zu Betroffenen zu finden.

Genau das ist auch das Ziel des Vereins »Schüler treffen Flüchtlinge e. V.« (STF). »Wir haben festgestellt, dass es bei unseren Mitschülern eine große Hilfsbereitschaft und ein riesiges Interesse am Thema Flucht und Flüchtlinge gibt«, erzählt STF-Vorsitzender Joshua Kriesmann. Doch der Wunsch, im Schulalltag mehr dazu zu machen, scheitere oft an Unsicherheiten der Schulleitung und daran, dass engagierte Lehrerinnen und

Lehrer ohnehin schon viel zu tun haben. »Also haben wir gedacht: Da müssen wir Schüler selbst ran«, sagt Joshua. Zusammen mit anderen Aktiven der Schülervertretung wurde im September 2015 zunächst eine Sammelaktion für eine Flüchtlingsunterkunft gestartet, die auf viel Resonanz stieß. »Wir haben dann solche Unterkünfte besucht und festgestellt, dass sie in erster Linie normalerweise keine Spenden brauchen, sondern sich besonders über soziale Kontakte freuen«, sagt Helen Schmitz, »oft geht es dabei um Zeit: zum Beispiel, um mit den Kindern zu spielen, damit die Eltern ungestört Deutsch lernen können.« Hochmotiviert suchten die Schülerinnen und Schüler des europäischen Gymnasiums Bertha-von-Suttner nach Mitstreitern – und waren schnell erfolgreich. »Im Kernteam der Initiative sind wir zu fünft aktiv, drei weitere Mitschüler unterstützen die Projektplanung – und dann gibt es alleine an unserer Schule noch 40 bis 50 Unterstützer, die vom Deutschunterricht über die Kinderbetreuung, von den Gesprächen mit Flüchtlingen in anderen Schulen bis zur Hilfe in den Willkommensklassen aktiv sind«, erzählt Dorothea Bähr vom STF-Vorstand.

Aus der lockeren Initiative wurde kurz darauf ein richtiger Verein, um dem Ganzen mehr Struktur zu geben. Denn neben Sammelaktionen und konkreter Hilfe für Flüchtlinge und Flüchtlingskinder wollen die STF-Akteurinnen und -Akteure ihre Idee auch an andere Schulen weitertragen und damit neue Formen der Begegnung möglich machen. »Unser Ziel ist es, an möglichst vielen Schulen ähnliche Teams zu etablieren, die dann ihrerseits Aktivitäten entwickeln und Hilfe organisieren«, sagt Joshua Kriesmann. Im Moment steht die Organisation eines Fußballturniers für Willkommensklassen aus ganz Berlin auf dem Plan, außerdem ein Training für Flüchtlingskinder beim Basketball-Bundesligisten Alba Berlin. Ein gemeinsames Koch-Event unter dem Titel »STF kocht!«, bei dem deutsche Schülerinnen und Schüler und Flüchtlingskinder zunächst in der Küche aktiv waren und anschließend einen langen, gemeinsamen Abend miteinander verbrachten, gab es schon.

Diese Idee von STF war so überzeugend, dass auch die Jury des von der Bertelsmann-Stiftung ausgelobten Jugendintegrationswettbewerbs »Alle Kids sind VIPs« auf den Verein aufmerksam wurde und STF im Frühjahr 2016 mit einem Preis bedachte. Mit dem Wettbewerb unter der Schirmherrschaft von Staatsministerin Aydan Özoguz, der Beauftragten der deutschen Bundesregierung für Migration, Flüchtlinge und Integration, zeichnet die Stiftung Jugendliche zwischen elf und 21 Jahren aus, die sich für Vielfalt an der Schule einsetzen und ehrenamtlich engagieren. »Der Verein wurde von Jugendlichen selbst gegründet und wird von ihnen eigenverantwortlich geleitet, alle Aktivitäten planen und führen sie selber durch«, lobt die Jury die Arbeit der STF-Aktiven. Dabei werde nicht nur den Flüchtlingen konkret geholfen und ihre Teilhabe an der Gesellschaft unterstützt, »sondern das gemeinsame Tun verbindet sie mit einheimischen Jugendlichen, die ebenfalls Neues lernen – aus der Gemeinsamkeit wächst Vertrauen und somit stärkt die Initiative Integration und Zusammenhalt«, heißt es in der Laudatio. Gleichzeitig aber seien Aktionen wie das gemeinsame Kochen so einfach gehalten, dass sie ohne großen Aufwand auch von anderen Schulen und Vereinen übernommen werden können. »Helfen, Lernen, Verstehen – darum geht es uns«, sagt Joshua Kriesmann. Eine Idee, die ankommt: Neben der praktischen Hilfe durch Mitschülerinnen und Mitschüler gab es schon Geldspenden, etwa von einer Schülerin, die spontan 100 Euro an STF übergab wegen der guten Arbeit, die der Verein macht. Mit der US-amerikanischen Botschaft in Berlin ist mittlerweile ein Sponsor dabei, der das Engagement der Schülerinnen und Schüler noch einmal besonders unterstützt: So wurde der STF-Vorstand zu einem internationalen Seminar in Zagreb eingeladen, bei dem es um Fluchtgründe in Europa ging. »Wahnsinn, was unsere einfache Idee plötzlich für Kreise zieht«, sagt Dorothea Bähr und strahlt.

Was sie denn in der noch jungen Geschichte ihres Vereins am meisten berührt hat? Die STF-Akteure müssen nicht lange überlegen. »Für mich ist es die Rückmeldung, dass das, was wir machen, gerade gebraucht wird und genau das Richtige ist. Ich kann als Schüler keine Unterkünfte in der Türkei bauen, aber ich kann Menschen hier in Berlin helfen«, sagt Joshua Kriesmann. »Mich bewegen die Begegnungen«, sagt Dorothea Bähr: »Da gab es beim Kochen einen kleinen Brand im Ofen – und zehn Minuten später tanzten wir zu arabischer Musik. Da waren die anderen keine Flüchtlinge mehr, sondern Freunde.« Und Helen Schmitz sagt: »Ich hätte nie gedacht, dass man die Gesellschaft wirklich verbessern kann.«

Das Grundrecht auf Schulbesuch – auch für Flüchtlinge

Die Schule ermöglicht den Kindern und Jugendlichen einen geregelten Alltag, Deutschunterricht und neue Freunde – eigentlich der perfekte Integrationsmotor. Aber nicht immer dürfen sie auch hingehen.

Bildung ist ein Menschenrecht

Das Recht auf Bildung ist als allgemeines kulturelles Menschenrecht bereits in Artikel 13 des UN-Sozialpaktes (»Internationaler Pakt über wirtschaftliche, soziale und kulturelle Rechte«) verankert und von der Bundesrepublik Deutschland als Paktstaat anerkannt. Dieses Recht wurde in Artikel 28 der UN-Kinderrechtskonvention bekräftigt und konkretisiert (UN-Kinderrechtskonvention 2016):

> **Artikel 28**
>
> Die Vertragsstaaten erkennen das Recht des Kindes auf Bildung an; um die Verwirklichung dieses Rechts auf der Grundlage der Chancengleichheit fortschreitend zu erreichen, werden sie insbesondere den Besuch der Grundschule für alle zur Pflicht und unentgeltlich machen;
>
> a. die Entwicklung verschiedener Formen der weiterführenden Schulen allgemeinbildender und berufsbildender Art fördern, sie allen Kindern verfügbar und zugänglich machen und geeignete Maßnahmen wie die Einführung der Unentgeltlichkeit und die Bereitstellung finanzieller Unterstützung bei Bedürftigkeit treffen;
>
> b. allen entsprechend ihren Fähigkeiten den Zugang zu den Hochschulen mit allen geeigneten Mitteln ermöglichen;
>
> c. Bildungs- und Berufsberatung allen Kindern verfügbar und zugänglich machen;
>
> d. Maßnahmen treffen, die den regelmäßigen Schulbesuch fördern und den Anteil derjenigen, welche die Schule vorzeitig verlassen, verringern.

Die deutsche Bundesregierung beschloss 2010, die bei der Unterzeichnung der UN-Kinderrechtskonvention abgegebene Vorbehaltserklärung zurückzunehmen, sodass sie nun für alle Kinder und Jugendlichen unabhängig von ihrem Aufenthaltsstatus oder ihrer (vermuteten) Aufenthaltsdauer und somit auch für Asylsuchende uneingeschränkt Anwendung findet (Weiser 2014).

Beginn der Schulpflicht

Das Grundrecht auf einen Schulbesuch für Asylbewerberinnen und -bewerber wird je nach Bundesland unterschiedlich ausgelegt. Ob und ab wann zugewanderte Kinder in Deutschland zur Schule gehen dürfen oder müssen, ist nicht bundesweit einheitlich geregelt.

Beginn der Schulpflicht in den Bundesländern

Baden-Württemberg: sechs Monate nach Ankunft (§ 72 Schulgesetz)

Bayern: drei Monate nach Ankunft (Art. 35 Bayerisches Gesetz über das Erziehungs- und Unterrichtswesen)

Berlin: sofort (§ 41 Schulgesetz)

Brandenburg: nach Verlassen der Erstaufnahmeeinrichtung (§ 36 Schulgesetz in Verbindung mit Verordnung zum Ruhen der Schulpflicht nach Asylanträgen)

Bremen: sobald sie »eine Wohnung im Land Bremen haben« (§ 52 Schulgesetz)

Hamburg: sofort (§ 37 Schulgesetz)

Hessen: nach Zuweisung einer Gebietskörperschaft (§ 56 Schulgesetz in Verbindung mit Verordnung zur Gestaltung des Schulverhältnisses)

Mecklenburg-Vorpommern: nach Zuweisung einer Gebietskörperschaft (§ 41 Schulgesetz in Verbindung mit Bestimmungen zur Eingliederung und zum Schulbesuch von Schülerinnen und Schülern nichtdeutscher Herkunftssprache in Schulen Mecklenburg-Vorpommerns)

Niedersachsen: nach Wegfall der Verpflichtung, in einer Erstaufnahmeeinrichtung zu wohnen (§ 63 Schulgesetz in Verbindung mit ergänzenden Bestimmungen zur Schulpflicht und zum Rechtsverhältnis von Schule)

Nordrhein-Westfalen: nach Zuweisung zu einer Gemeinde (§ 34 Schulgesetz)

Rheinland-Pfalz: nach Zuweisung zu einer Gemeinde (§ 56 Schulgesetz in Verbindung mit Verwaltungsvorschrift »Unterricht von Schülerinnen und Schülern mit Migrationshintergrund«)

Saarland: sofort (§ 30, Abs. 1.1 Schulordnungsgesetz in Verbindung mit der Verordnung zum Unterricht für ausländische Kinder, Jugendliche und Heranwachsende sowie Schüler und Schülerinnen mit Migrationshintergrund)

Sachsen: Schulbesuchsrecht nach Stellung eines Asylantrags (§ 26 Schulgesetz in Verbindung mit Verwaltungsvorschrift zum Unterricht für ausländische Schülerinnen und Schüler an den allgemeinbildenden Schulen im Freistaat Sachsen)

Sachsen-Anhalt: nach Zuweisung zu einem Landkreis oder einer kreisfreien Stadt (§ 36, Abs.1 Schulgesetz in Verbindung mit Runderlass zur Aufnahme von Schülerinnen und Schülern mit Migrationshintergrund an allgemeinbildenden und berufsbildenden Schulen des Landes Sachsen-Anhalt)

Schleswig-Holstein: sofort (§ 20 Schulgesetz in Verbindung mit § 13 Landesmeldegesetz)

Thüringen: drei Monate nach Ankunft (§ 17 Schulgesetz)

Lange Wartezeiten zwischen der Ankunft in Deutschland und dem ersten Schulbesuch sind umstritten. Michael Becker-Mrotzek, Mitautor einer Studie des Mercator-Instituts für Sprachförderung und Deutsch als Zweitsprache von »neu zugewanderten Kindern und Jugendlichen im deutschen Schulsystem«, übt Kritik an den Schulgesetzen, die keinen sofortigen Beginn der Schulpflicht nach der Ankunft vorsehen. »Nach einer Flucht, die oft schon lange gedauert hat, kommt man mit zusätzlichen sechs Monaten ohne Schule in Deutschland schnell auf ein Jahr. Das ist nicht nur vertane Lebenszeit, es ist auch eine Entwöhnung vom Lernen. Die Motivation verpufft oder bleibt ungenutzt. Der Altersabstand zu den Mitschülern mit den gleichen Fertigkeiten wird immer größer« (Sadigh 2015). Eine Lücke, die es zu vermeiden gilt: »Auch wenn in diesem Zeitraum ein Recht auf Schulbesuch besteht, sind die Kinder und Jugendlichen häufig faktisch vom Schulbesuch ausgeschlossen«, kritisiert auch Studien-Mitautorin Mona Massumi die häufigen Verzögerungen. Sie empfiehlt, dass zwischen Ankunft und Schulbesuch nicht mehr als drei Monate liegen sollten (dpa 2015).

Schulbesuchsrecht

Der Begriff Schulbesuchsrecht bedeutet, dass der Zugang zum Schulsystem auf einen entsprechenden Wunsch hin gewährt wird. Es besteht also im Unterschied zur Schulpflicht zwar einerseits keine Garantie dafür, dass alle Kinder und Jugendlichen tatsächlich unterrichtet werden, andererseits können sie jedoch den Schulbesuch hinauszögern, wenn der erzwungene Schulalltag gleich nach der Ankunft eine unzumutbare Belastung für sie darstellen würde. Viele Bundesländer gewähren dieses Schulbesuchsrecht, bevor die Familien in einer Gemeinde untergekommen sind. So steht es den Kindern und Jugendlichen frei, schon von Anfang an zur Schule zu gehen oder sich auf einen späteren Neuanfang nach dem Verlassen der Erstaufnahmeeinrichtung zu konzentrieren. Erst dann ist ein kontinuierlicher Besuch im Klassenverband möglich – und in aller Regel auch verpflichtend.

Ende der Meldepflicht

Der Bundestag hat 2011 die Meldepflicht für Kinder und Jugendliche aufgehoben. Damit sind Schulen als öffentliche Institutionen nicht mehr verpflichtet, nicht registrierte, also illegal in Deutschland lebende Kinder und Jugendliche der Ausländerbehörde zu melden. In der Begründung der Koalitionsparteien heißt es sinngemäß: Um der Zielgruppe die Furcht vor Entdeckung des illegalen Aufenthaltes zu nehmen und den Besuch von öffentlichen Schulen sowie Bildungs- und Erziehungseinrichtungen für sie zu erleichtern, sollen diese öffentlichen Stellen von den bisher uneingeschränkt bestehenden aufenthaltsrechtlichen Übermittlungspflichten gegenüber Ausländerbehörden ausgenommen werden (Drucksache 17/ 6497 2011).

»Dies ist in der Praxis aber leider noch nicht überall angekommen«, kritisiert die Vorsitzende der Gewerkschaft Erziehung und Wissenschaft (GEW), Marlis Tepe. An der Universität Bremen wurde deshalb untersucht, ob Kinder und Jugendliche ohne Papiere an öffentlichen Schulen in Deutschland tatsächlich angemeldet werden können oder wodurch dies gegebenenfalls verhindert wird. Dazu befragten die Universitätsmitarbeiter die Verwaltungen von 100 Grundschulen in 22 Groß- und Landeshauptstädten. Die Ergebnisse: In mehr als der Hälfte der Schulen gehörte das Anfordern einer Meldebestätigung zur Routine. Nur in sechs von 100 Fällen wurde darauf hingewiesen, dass eine Einschulung ohne Meldebestätigung möglich ist, auch wenn eine Adresse zur Feststellung des Schuleinzugsbezirks nötig ist. Bei verdeckten Anfragen mit potenziell illegalem Aufenthalt der

Kinder und Jugendlichen wurde in 79 Prozent, bei Anfragen mit Offenlegung des illegalen Aufenthalts in 62 Prozent der Antworten kein gangbarer Weg zur Schulanmeldung aufgezeigt. Häufig waren Schulsekretariate unsicher und verwiesen an höherrangige oder spezialisierte Institutionen in der Schuladministration. Auch dort wurde von der Hälfte der Stellen keine positive Aussage zum Schulbesuch getroffen. Die Studie formuliert als Handlungsempfehlung für die Politik und verantwortliche Akteure unter anderem, dass Kultus- und Bildungsministerien in regelmäßigen Abständen alle Schulbehörden über die geltende Rechtslage informieren sollten. Es sei wünschenswert, dass alle Schulen »ihre Handlungen daran ausrichten, dass grundsätzlich jedes Kind einen Anspruch auf Schule hat« (vgl. GEW 2015).

Ende der Schulpflicht

Zugewanderte Kinder und Jugendliche, die in Deutschland vor ihrem 18. Lebensjahr ankommen, haben über die Schulpflicht an einer Regelschule eine gut organisierte und effektive Möglichkeit, die deutsche Sprache zu lernen sowie sich in den Alltag und die Gesellschaft zu integrieren. Ältere Zugewanderte hingegen müssen oft in den Erstaufnahmeeinrichtungen zwischen Registrierung und Asylantragstellung ausharren. Asylsuchende mit guter Bleibeperspektive haben allerdings seit November 2015 die Möglichkeit, an einem kostenlosen Integrationskurs sowie Sprachkursen teilzunehmen. Eine gute Bleibeperspektive hatten 2015 Flüchtlinge aus Eritrea, Irak, Iran und Syrien.

Einzig das Bundesland Bayern bietet Jugendlichen ein Berufsschulrecht bis zum 21. Lebensjahr, unter bestimmten Voraussetzungen auch bis zum 25. Lebensjahr. Die Gruppe der 18- bis 25-jährigen Zugewanderten ist laut Statistik die größte: Im Januar und Februar 2016 wurden 25,8 Prozent aller Erstanträge aus dieser Altersgruppe heraus gestellt (Statista 2016). Im gesamten Jahr 2015 waren es ebenfalls rund 25 Prozent (bumf 2016 c). Experten wie der Professor für deutsche Sprache und deren Didaktik, Michael Becker-Mrotzek, oder Matthias Anbuhl, Leiter des Bereichs Bildung im Bundesvorstand des Deutschen Gewerkschaftsbunds, fordern ein bundesweites Berufsschulrecht bis 25 Jahre.

Eine besondere Herausforderung: Deutsch als Zweitsprache

Sprache ist der Schlüssel zur Integration – so heißt es. Und um den Zugewanderten Deutsch beizubringen, braucht es vor allem eines: das Engagement der Lehrerinnen und Lehrer.

Die Ausbildung von Lehrerinnen und Lehrern

In den zuständigen Landesministerien, an den Hochschulen und in den Zentren für die Ausbildung von Referendarinnen und Referendaren in Deutschland wird seit mehreren Jahren verstärkt darüber diskutiert, inwieweit die Ausbildung von Lehrerinnen und Lehrern im Hinblick auf ihre zukünftige Arbeit angepasst und reformiert werden muss. Denn es liegt auf der Hand, dass wohl jeder, der heute ein Lehramtsstudium aufnimmt, in seinem Berufsleben mit Schülerinnen und Schülern zu tun haben wird, die auf Migrationserfahrungen zurückblicken. Unter dem Stichwort Diversität zielt diese Debatte darauf ab, Lehrerinnen und Lehrer zu befähigen, mit der zunehmenden Unterschiedlichkeit ihrer Schülerinnen und Schüler umzugehen. Diese Heterogenität ergibt sich aber nicht nur aus der Herkunft der Kinder und Jugendlichen, sondern – Stichwort Inklusion – möglicherweise auch aus unterschiedlichem Unterstützungsbedarf. Oder eben, die große Zahl von zugewanderten Flüchtlingen macht das deutlich, aus einer von Flucht geprägten Lebensgeschichte. »Wenn mir das Konzept von Diversität geläufig ist, ist es mir letztlich egal, ob ein Kind aus einer Gastarbeiterfamilie stammt, behindert oder über das Mittelmeer nach Europa gekommen ist«, sagt eine Berliner Lehrerin. »Entscheidend ist, es in seiner Individualität anzunehmen und mein Lehrverhalten auf diese Individualität einzustellen.«

Da die Begegnung mit Schülerinnen und Schülern, die als Flüchtlinge nach Europa gekommen sind, dennoch zu den wahrscheinlicheren Szenarien zukünftiger Lehrerarbeit gehört, haben viele Bundesländer bereits begonnen, sich auf diese Herausforderungen auch in der Lehrerbildung einzustellen. Eine Ende 2015 veröffentlichte Studie des Mercator-Instituts für Sprachförderung und Deutsch als Zweitsprache (Massumi et al. 2015) an der Universität Köln zeigte, dass die Bundesländer zunehmend entsprechende Unterstützungsangebote und auch Fortbildungen für Lehrkräfte und Schulen auf den Weg bringen, das Angebot aber häufig unübersichtlich ist. »Das Thema ist kein Projekt für eine Taskforce auf Zeit, sondern eine langfristige Aufgabe«, sagt Michael Becker-Mrotzek, Direktor des Mercator-Instituts. »Migrationsbewegungen, wie wir sie gerade erleben, sind ein wiederkehrendes Phänomen. Dieses Thema wird immer wieder und durchgängig eine Rolle spielen. Gerade deshalb sollten auch Mindeststandards für den Schulbesuch neu zugewanderter Kinder und Jugendlicher entwickelt werden. Die Themen Migration und Deutsch als Zweitsprache müssen noch breiter in der Lehramtsausbildung verankert werden«, so Becker-Mrotzek.

Und zwar durchgängig und möglichst für alle zukünftigen Lehrkräfte verpflichtend, das fordern nicht wenige Expertinnen und Experten und verweisen etwa auf das Beispiel Nordrhein-Westfalens, wo seit 2009 jede angehende Lehrkraft ein Modul Deutsch als Zweitsprache belegen muss. Ab Herbst 2016 stehen in Nordrhein-Westfalen, als Teil des Maßnahmenpaketes für mehr innere Sicherheit und bessere Integration, sechs Millionen Euro zur Verfügung, mit denen an den Universitäten des Landes Lehrkräfte für den Unterricht von zugewanderten Kindern, Jugendlichen und Erwachsenen ausgebildet werden sollen. Die entsprechenden Qualifikationsangebote sollen im Oktober 2016 anlaufen, die ersten Absolventen dann bereits im Frühjahr 2017 in Schulen und Bildungseinrichtungen aktiv werden. »Die Qualifizierung richtet sich sowohl an bereits tätige Lehrkräfte als auch an Hochschulabsolventen, die in Einrichtungen der Weiterbildung tätig sind oder tätig werden wollen«, sagen die zuständigen Ministerien für Schule und Wissenschaft in Nordrhein-Westfalen. Schulministerin Sylvia Löhrmann: »Damit bieten wir nun eine zügige Nachqualifizierung von Lehrkräften an, die bereit sind, Deutsch als Zweitsprache zu unterrichten. Denn ein schneller Spracherwerb ist der Schlüssel für eine gelingende Integration.«

Auch in Schleswig-Holstein lässt sich beobachten, wie die gesellschaftlichen Herausforderungen zu einer Änderung der Lehrerausbildung führen. Junge Lehrkräfte, die seit Anfang 2016 ihren Vorbereitungsdienst, also das Referendariat, nach der neuen Ausbildungs- und Prüfungsordnung beginnen, können die anschließende Hausarbeit im Rahmen der Staatsprüfung durch ein DaZ-Zertifikat ersetzen. »Wir gehen damit einen bundesweit einmaligen Weg und setzen schon in der Lehrerausbildung einen deutlichen Schwerpunkt bei Deutsch als Zweitsprache«, sagt die schleswig-holsteinische Bildungsministerin Britta Ernst. »Für unsere Schulen sind die vielen Flüchtlinge eine große Herausforderung. Mit diesen Qualifikationsangeboten wollen wir sie unterstützen und zugleich dafür sorgen, dass die Kinder, die zu uns kommen, eine faire Chance auf eine gute Schulbildung erhalten.« Damit spielt die DaZ-Qualifikation in Schleswig-Holstein zukünftig in allen Phasen der Lehrerausbildung eine wichtige Rolle: Im Studium ist durchgängig das Thema Sprachbildung in sämtlichen Lehramtsstudiengängen integriert, im Referendariat kommt die Option des DaZ-Zertifikatskurses dazu. Der Kurs ist schultypübergreifend konzipiert, erstreckt sich über mehrere Module und wird nach sechs Monaten mit einer benoteten Klausur abgeschlossen. »Damit eine durchgängige sprachliche Bildung an Schulen funktioniert, muss das Thema in allen drei Phasen der Lehrerbildung – vom Studium über den Vorbereitungsdienst bis zur

Fortbildung – verankert sein«, heißt es beim Kölner Mercator-Institut, das die Umstellung der Lehrerausbildung in Schleswig-Holstein mit konzipiert und begleitet hat: »Nur so sind Schulen langfristig darauf vorbereitet, neu zugewanderte Schülerinnen und Schüler aufzunehmen und erfolgreich zum Schulabschluss zu führen.«

Auch einzelne Hochschulen haben mit Blick auf ihre Studierenden und deren Zukunft bereits auf die veränderte gesellschaftliche Situation durch die Zuwanderung von Flüchtlingen reagiert. So hat die Rheinische Wilhelms-Universität in Bonn mit dem Caritasverband Bonn und dem Kommunalen Integrationszentrum des Rhein-Sieg-Kreises beispielsweise eine Kooperationsvereinbarung geschlossen, die es Studierenden der Philosophischen Fakultät ermöglicht, sich zu Sprachbegleitern für geflüchtete und neu zugewanderte Menschen ausbilden zu lassen. Seit Oktober 2015 gehört das entsprechende Seminar zum Lehrangebot der Abteilung für Interkulturelle Kommunikation und Mehrsprachigkeitsforschung des Instituts für Sprach-, Medien- und Musikwissenschaft. »Die Philosophische Fakultät reagiert damit auf den Wunsch vieler Studierender, sich den eigenen Fähigkeiten entsprechend für Flüchtlinge, die nach Deutschland gekommen sind, zu engagieren«, sagt Dekan Andreas Bartels. Das Angebot richtet sich bewusst auch an Studierende, deren Berufsperspektive nicht unbedingt in einem pädagogischen Arbeitsfeld liegt. Im Seminar werden Methoden zur Sprachvermittlung und Sprachförderung behandelt, die von wichtigen Hintergrundinformationen zu den Herkunftsländern der Flüchtlinge flankiert werden. So erwerben die Studentinnen und Studenten nicht nur unmittelbare Kompetenzen im Bereich der Hilfeleistung, sondern eignen sich auch Wissen über Fluchtursachen und den rechtlichen Status der Neuzuwanderer an und werden für interkulturelle Unterschiede sensibilisiert. Dabei spielen ebenfalls die sozioökonomische Situation der Geflüchteten und deren psychosoziale Verfassung mit traumatischen Belastungen eine Rolle. Abgerundet wird die Ausbildung durch eine Praxisphase in Einrichtungen der Caritas oder im kommunalen Integrationszentrum.

Auch andere Hochschulen engagieren sich im Bereich der Flüchtlingshilfe und kombinieren dabei häufig den Hilfsaspekt für die Zuwanderer mit Qualifikationsangeboten für die eigenen Studierenden. So basteln etwa an der Hochschule Koblenz Flüchtlingskinder im Workshop »beHAUSt sein« zusammen mit Architekturstudenten Spielhäuser, die sie innen und außen nach eigenen Vorstellungen gestalten. An der Hochschule Düsseldorf können angehende Sozialpädagoginnen und Sozialpädagogen ihr

Praxismodul in Zusammenarbeit mit dem Jugendamt der Stadt in der offenen Kinder- und Jugendarbeit mit Flüchtlingskindern absolvieren; der Beginn des Praktikums wurde wegen des großen Bedarfs sogar vorgezogen. Die Medizinische Fakultät der Technischen Universität Dresden bietet wegen der stark gestiegenen Zahl von Flüchtlingen für angehende Ärztinnen und Ärzte im Bereich Allgemeinmedizin ab Sommer 2016 erstmals das Wahlpflichtfach »Flüchtlingsversorgung« an. Medizinstudenten arbeiten bereits seit 2015 in der Flüchtlingsambulanz in Dresden mit – bisher allerdings ohne strukturierte Vorbereitung auf die medizinischen und interkulturellen Herausforderungen. Das ändert sich nun durch das neue Wahlpflichtfach.

An der Martin-Luther-Universität in Halle steht ebenfalls der Sprachunterricht für Geflüchtete im Mittelpunkt der Bemühungen: Mit einer neuen Veranstaltungsreihe des Germanistischen Instituts wird ehrenamtlich engagierten Personen, aber auch Studierenden und Dozierenden der Universität das nötige Praxiswissen für den Unterricht und die alltägliche Kommunikation mit Flüchtlingen, Migrantinnen und Migranten und deren Kindern vermittelt. An 15 Terminen geben erfahrene Didaktikerinnen und Didaktiker das Basiswissen weiter, das nötig ist, um Sprachunterricht gestalten zu können, und geben Hinweise, wie man mit den eigenen und fremden Sprachbarrieren umgeht. Dazu gehören neben der Didaktik und Methodik beim DaZ-Lernen auch die Aussprache oder das geeignete Vokabular für eine Basiskommunikation. »Ein Bereich, der bisher völlig unterschätzt wird, ist die Alphabetisierung«, erklärt Deutsch-Didaktiker Matthias Ballod vom Germanistischen Institut. Nicht jeder Mensch, der in Deutschland ankommt, könne überhaupt lesen und schreiben, manche hätten nie eine Schule besucht, ihnen sei jegliches institutionelles Lernen fremd – auch darauf müssen angehende Lehrerinnen und Lehrer vorbereitet sein.

Es bewegt sich also etwas, auch in den Hochschulen und bei den Ausbildungsinhalten für angehende Lehr- und pädagogische Fachkräfte. Doch noch handelt es sich bei diesen Qualifizierungsangeboten allzu häufig um einzelne und optionale Maßnahmen. Es wäre also fatal, erst auf eine flächendeckende Änderung der Studieninhalte zu warten, weil das vermutlich noch einige Jahre dauern könnte. Stattdessen handeln Schulen sowie Lehrerinnen und Lehrer schon jetzt in Eigeninitiative – einfach, weil sie es müssen. Und sie verändern Schule und Unterricht damit wahrscheinlich mehr und nachhaltiger, als es ministerielle Erlasse je könnten.

Marita Müller-Krätzschmar ist Mitarbeiterin im Institut für Lehrerfortbildung Hamburg und Leiterin des Bereichs Deutsch als Zweitsprache (DaZ)/ Sprachförderung, der unter anderem einen 30-Stunden-Kurs DaZ anbietet.

Was lernen die Teilnehmerinnen und Teilnehmer bei Ihnen im 30-Stunden-Kurs?
Müller-Krätzschmar: »Die 30 Stunden sind eine grundsätzliche Einführung in alle Bereiche von Deutsch als Zweitsprache, also Grammatik und die Fertigkeiten von Lesen, Schreiben, Hören, Sprechen. Es geht aber auch um die Inhalte der Sprache selbst, also Deutsch als Zweitsprache im Fachunterricht. Und um Spracherwerbstheorien und Diagnoseinstrumente. Das ist also eher eine Einführung, die zwar auch methodische Hinweise beinhaltet, die aber nicht zu einem Thema umfassend sagt: ›Wie kann ich damit jetzt umgehen?‹ Dafür haben wir dann andere Veranstaltungen.«

Bieten Sie den 30-Stunden-Kurs schon länger an, oder ist der Schnelldurchlauf eine kurzfristige Maßnahme wegen der aktuellen Zuwanderung?
Müller-Krätzschmar: »Nein, wir haben vor fünf Jahren damit angefangen, als sich noch niemand für Deutsch als Zweitsprache interessierte. Es gab zwar bereits

Vorbereitungsklassen an Hamburger Schulen in geringem Umfang, aber die Kolleginnen und Kollegen, die das machten, waren damals schon sehr erfahren und brauchten auch keine Fortbildung mehr. Und dann haben wir gesagt, wir probieren es mal mit einem Zertifikatskurs, um mehr Lehrerinnen und Lehrer von DaZ zu überzeugen. Da kamen dann ganz am Anfang 15 Personen. Ein Jahr später waren es schon 30. Allerdings waren darunter auch viele Lehrkräfte, die ins Ausland gehen wollten, sich aber nicht über das Goethe-Institut, sondern über uns qualifiziert haben. Mittlerweile sind die Kurse ausgebucht, die erste Veranstaltung des jüngsten Fortbildungskurses, der im Februar 2016 begann, besuchten 320 Lehrer. Das sind etwa doppelt so viele wie im Jahr zuvor.«

Werden die Lehrerinnen und Lehrer auch auf Begleiterscheinungen des Unterrichts wie mögliche Traumata der Lernenden oder die kulturelle Vielfalt vorbereitet?
Müller-Krätzschmar: »Dafür sind wir nicht zuständig. Auch für den interkulturellen Bereich gibt es eine andere Beratungsstelle, mit der wir sehr eng zusammenarbeiten und auch schon Seminare zusammen angeboten haben.«

Ist die deutsche Sprache besonders schwer zu erlernen für Kinder und Jugendliche aus dem arabischsprachigen Raum?
Müller-Krätzschmar: »Es gibt unterschiedliche Theorien dazu. Ob es hilft, wenn die Sprache sich sehr von Muttersprache unterscheidet, oder ob es eher den Lernprozess erschwert. Wir bieten DaZ ja seit 20 Jahren an. Da gab es ja schon viele türkischsprachige Kinder, es gab Kinder aus afrikanischen Ländern. Die haben alle die deutsche Sprache gelernt. Ich denke, es hängt von unterschiedlichen Situationen ab: Ist jemand motiviert? Gibt es einen besonderen Grund, warum die Sprache gelernt werden muss? Bringt der oder die Lernende Voraussetzungen mit, hat er oder sie vielleicht schon einmal eine andere Sprache gelernt? Das sind alles individuelle Bedingungen, die eine Rolle spielen.«

Welche Probleme bringt die häufiger werdende Mehrsprachigkeit im Unterricht mit sich?
Müller-Krätzschmar: »Es wäre schön, wenn Kolleginnen und Kollegen sich mehr darauf einlassen würden, die sprachlichen Kompetenzen der Kinder in den Unterricht mit einzubeziehen. Das ist nicht immer ganz einfach. Viele Lehrerinnen und Lehrer fühlen sich da überfordert bzw. fühlen sich unsicher, wenn sie nicht verstehen, was die

Lernenden sagen. Sie haben auch wenige Ideen, wie sie dann darauf reagieren und wie sie die Sprache miteinbeziehen können.«

Was gibt es da für Lösungsansätze?
Müller-Krätzschmar: »Man könnte zum Beispiel, wenn Schülerinnen und Schüler alphabetisiert sind und schreiben können, sie in ihrer Herkunftssprache eine Text schreiben lassen. Und den dann wiederum ins Deutsche übersetzen. Das ist aber natürlich eine Zeitfrage. Auch ist denkbar, dass Lernende, welche die gleiche Sprache sprechen, sich zu einem Thema erst einmal in ihrer Sprache in einer Gruppenarbeit auseinandersetzen und darüber reden. Viele Lehrkräfte glauben den Schülerinnen und Schülern allerdings nicht, dass sie tatsächlich über das Thema reden.«

Inwiefern profitieren deutschsprachige Kinder und Jugendliche von einer Mehrsprachigkeit im Unterricht?
Müller-Krätzschmar: »Indem sie einfach auch mitbekommen, welche unterschiedlichen Sprachen es gibt. Ich denke, dass es einfach normal im Unterricht sein sollte, wenn es in einer Klasse zehn verschiedene Sprachen gibt und dies auch thematisiert wird. Deutsch ist natürlich Unterrichtssprache, aber alle anderen Schülerinnen und Schüler sind ja nicht sprachlos. Ich finde, das hat einen ganz großen Wert für die Akzeptanz und Toleranz. Das bedeutet nämlich auch, dass man manchmal aushalten muss, wenn jemand etwas sagt, was man nicht versteht. Aber darüber kann man tatsächlich Vorurteile abbauen und Toleranz entwickeln. Das ist ein langer Prozess, aber wenn die Mehrsprachigkeit von Anfang an etabliert wird, dann ist das doch wunderbar. Es gibt schon vereinzelt Klassen, die das machen.«

Systematische Sprachförderung als dynamischer Prozess
In der Debatte um die Integration von schulpflichtigen Flüchtlings- und Migrantenkindern gilt Hamburg in seinem Engagement als eines der Vorbilder unter den deutschen Bundesländern. Die Sprachförderung an den dortigen Schulen stützt sich auf zwei Pfeiler: einerseits auf das 2006 verabschiedete Hamburger Sprachförderkonzept sowie andererseits auf die Erarbeitung eines schulspezifischen »Sozialindex«. Je nach Zusammensetzung der Schülerschaft entscheidet dieser etwa über die Größe der Klassen beziehungsweise die Zuteilung von Lehrerstunden und Unterstützungspersonal.

Hamburg ist nach eigener Aussage das Bundesland mit dem höchsten Anteil von Schülerinnen und Schülern mit Migrationshintergrund. So hatten in der Schuljahres-statistik 2015 fast 46 Prozent der Grundschullernenden einen Migrationshintergrund, das heißt, dass sie selbst oder mindestens ein Elternteil im Ausland geboren sind. Insgesamt, also in allen Klassen 1 bis 10, kamen 2015 mehr als 43 Prozent aller Schü-lerinnen und Schüler aus einer zugewanderten Familie (vgl. Behörde für Schule und Berufsbildung Hamburg 2015).

Für Hamburg ist die Sprachförderung also schon wegen der Anzahl zugewanderter Schülerinnen und Schüler von besonderer Relevanz. Ein Blick auf die vergangenen zehn Jahre zeigt, wie wichtig eine dynamische Anpassung der Konzepte an den Bedarf der Lernenden ist.

Internationale, nationale und Hamburger Schulleistungsuntersuchungen ergaben nämlich um 2005 »gravierende Lernrückstände von Schülerinnen und Schülern aus bildungsfer-nen Elternhäusern, insbesondere auch solchen mit einem Migrationshintergrund« (Büchel 2011: 61). Die Defizite in der deutschen Sprache wirkten sich auf alle anderen Fächer aus und verhinderten eine sinnvolle Bildungsteilhabe. Die Mängel waren unter anderem das Ergebnis eines 20 Jahre lang geltenden »Deutschintensiv- und -förderunterrichtes« in Hamburg. Darin richtete sich die Bemessung der Fördermittel nicht nach dem indivi-duellen Bedarf der Schülerinnen und Schüler, sondern nach der Anzahl Kinder pro Schule, die keine deutsche Staatsangehörigkeit hatten und eine »Aufenthaltsdauer in einer deut-schen Schule unter vier Jahren« (vgl. Büchel 2011: 61). Die Fördermittel waren demnach zeitlich befristet, was an der Realität vieler Lernenden offenbar vorbeiging.

Deshalb bündelte der Hamburger Senat in Zusammenarbeit mit dem Landesinstitut für Lehrerbildung und Schulentwicklung 2006 alle Maßnahmen in einem neuen Sprachförderkonzept, das bundesweit einzigartig ist und bis heute angewendet wird. Es zeichnet sich durch die konsequente Verschränkung der Sprachförderung von der vorschulischen Erziehung bis zum Ende der Sekundarstufe I aus. Das Kon-zept basiert grundsätzlich auf einer integrativen Sprachförderung in den einzelnen Fächern, wird aber auch durch zusätzliche Sprachförderung begleitet. Das Ziel des Hamburger Sprachförderkonzepts ist die Verbesserung der Lese-, Schreib- und Sprachkompetenz aller Kinder und Jugendlichen als eine der Basiskompetenzen für den Schulerfolg und den Übertritt in die Ausbildung. Außerdem systematisiert es die Sprachstandsdiagnostik und gewährleistet eine höhere Verbindlichkeit der Fördermaßnahmen durch Ziel- und Leistungsvereinbarungen zwischen der zuständigen Behörde und den Schulen sowie durch ein Systemmonitoring, das den Prozess der Implementierung und die einzelnen Maßnahmen evaluiert (Landesinstitut für Lehrerbildung und Schulentwicklung Hamburg 2006). Das Konzept wurde kontinuierlich weiterentwickelt und passte sich zum Beispiel den Entwicklungen im Ganztagsbetrieb oder der Inklusion an.

Das Hamburger Sprachförderkonzept

Das Hamburger Sprachförderkonzept (Landesinstitut für Lehrerbildung und Schulentwicklung Hamburg 2015)

Ein besonderes Merkmal des Hamburger Sprachförderkonzepts ist die Funktion der Sprachlernkoordinatoren. Von den Schulen benannte Lehrkräfte, meist diejenigen mit der Zusatzausbildung »Deutsch als Zweitsprache« (DaZ), erhalten im Landesinstitut für Lehrerbildung und Schulentwicklung eine zweijährige verbindliche Ausbildung, um

Aufgaben zur Sprachbildung und Sprachförderung übernehmen und ein schuleigenes Programm dazu erstellen zu können. In der Ausbildung geht es einerseits um die fachliche Qualifizierung in allen Bereichen der sprachlichen Förderung und andererseits um die Entwicklung der Kompetenz, das behördliche Konzept in den Schulen umzusetzen (Behörde für Schule und Berufsbildung Hamburg 2015). Je nach Anzahl der Schülerinnen und Schüler mit Sprachproblemen werden die weitergebildeten Lehrkräfte für eine bestimmte Anzahl an Stunden pro Woche für diese Funktion freigestellt.

Seit dem Sommer 2015 werden rund 4650 neu zugewanderte Kinder und Jugendliche in Basisklassen und Internationalen Vorbereitungsklassen (IVK) an Hamburger Schulen unterrichtet. Hinzu kommen rund 600 Schülerinnen und Schüler in 50 Lerngruppen an den Zentralen Erstaufnahmeeinrichtungen (ZEA). Um neu ankommenden Zuwanderern schnell einen Zugang zu Bildung zu verschaffen, kombiniert Hamburg das Sprachförderkonzept mit einem breiten Angebot an Einstiegsmöglichkeiten in das Schulsystem.

Grundsätzliches Ziel ist es laut Hamburger Schulbehörde, schulpflichtige Flüchtlinge bereits wenige Tage nach ihrer Ankunft in einer ZEA in kleinen Lerngruppen auf den schulischen Alltag in Deutschland vorzubereiten. Neben ersten Deutschkenntnissen wird ihnen Orientierungswissen für ein Leben in Deutschland vermittelt. Die dort tätigen Lehrerinnen und Lehrer schätzen den Kenntnisstand ihrer Lernenden fortlaufend ein und geben beim Umzug der Familie aus der ZEA in eine Wohnunterkunft eine Empfehlung für den weiteren Schulbesuch ab. Schulpflichtige Flüchtlinge, die bei Ihrer Ankunft in der ZEA bereits 16 oder 17 Jahre alt sind, sollen nach Möglichkeit statt an einer Lerngruppe direkt an einer vorbereitenden Maßnahme für neu zugewanderte Jugendliche an einer Berufsschule teilnehmen.

Flüchtlingskinder, die in ihrem Herkunftsland keine grundlegenden Kenntnisse im Lesen und Schreiben erworben haben oder in einem anderen Schriftsystem alphabetisiert worden sind, besuchen zunächst eine sogenannte Basisklasse. Hier werden die Schülerinnen und Schüler alphabetisiert und auf den Übergang in eine IVK beziehungsweise in eine Regelklasse vorbereitet. Je nach Lernfortschritt beträgt die Verweildauer in einer Basisklasse bis zu einem Jahr (vgl. Behörde für Schule und Berufsbildung Hamburg 2016).

Im allgemeinbildenden Bereich gibt es Vorbereitungsklassen sowohl an Hamburger Grundschulen und Stadtteilschulen als auch an Gymnasien. Die Klassen sind in der

Regel sprachheterogen und jahrgangsübergreifend zusammengesetzt. In der Regel-klasse erhält jeder Lernende aus einer Vorbereitungsklassen für ein weiteres Jahr eine zusätzliche gezielte Sprachförderung.

Um diesem enormen Bedarf an Sprachförderung gerecht zu werden, hat die Hamburger Schulbehörde neue Stellen für Lehrerinnen und Lehrer mit der DaZ-Zusatzqualifikation geschaffen. Allein in den ersten beiden Monaten 2016 wurden laut Behördensprecher Peter Albrecht 50 Lehrkräfte unbefristet eingestellt (vgl. Jakubowsky 2016). Nachdem die Behörde bis Ende 2015 insgesamt 507 neue Lehrerstellen für den Unterricht von gut 6100 Flüchtlingskindern geschaffen hatte, sollen in diesem Jahr zusätzliche 175 Stellen ausgeschrieben werden, zusammen also 682 Stellen. Hamburg gibt dieses Jahr dafür 40 Millionen Euro aus – zehn Millionen mehr als im Vorjahr. Für den Unterricht in den ZEA und den IVK an den Regelschulen werde zudem auf Pensionäre zurückgegriffen.

»Es gelingt derzeit in hohem Maße, entsprechende Lehrkräfte zu rekrutieren«, sagt Schulbehördensprecher Albrecht. Allerdings müssten viele Bewerber eine Fortbildung in DaZ machen. Die DaZ-Zusatzqualifikation ist in Hamburg Voraussetzung für Lehrerinnen und Lehrer, die Flüchtlinge unterrichten. Die Fortbildung am Landesinstitut für Lehrerbildung und Schulentwicklung umfasst 30 Stunden. Rund 320 Lehrkräfte haben im Schulhalbjahr 2015/2016 mit der DaZ-Qualifizierung begonnen. Das Angebot wurde damit um das Vierfache erweitert.

Jasmin Bauer ist DaZ-Lehrerin an einer Hauptschule und gibt Einblicke in ihren Unterrichtsalltag.

Jasmin Bauer ist Lehrerin für Deutsch als Zweitsprache an einer Hauptschule in Köln. Für die 33-Jährige bedeutet gelungene Integration die Vermittlung von Sprache, Respekt und Toleranz sowie eine Zukunftsperspektive. Doch wie kann das gelingen?

Sie bezeichnen sich selbst als Deutsch-als-Fremdsprache-(DaF-) / Deutsch-als-Zweitsprache-(DaZ-)Lehrerin aus Leidenschaft. Was lieben Sie so sehr an Ihrem Beruf? Warum haben Sie sich dafür entschieden?
Bauer: »Das Unterrichten von Deutsch als Zweitsprache ist für mich ein absoluter Traumjob. Dadurch treffe ich Menschen aus verschiedenen Ländern, lerne sehr viel über andere Kulturen und erweitere so immer wieder meinen eigenen Horizont. Auch wenn dies zunächst einmal merkwürdig klingt: Es ist der kreativste Beruf, den ich mir vorstellen kann. Klar, natürlich gibt es einen Lehrplan, der dafür sorgt, dass bestimmte Inhalte vermittelt werden. Aber die Gestaltung des Unterrichts selbst liegt in meiner Hand. Indem ich beispielsweise spannende Spiele und Rätsel vorbereite, verschiedene Medien in den Unterricht einbinde oder mit den Kindern und Jugendlichen selbst

Medienprojekte durchführe, kann ich für Abwechslung und Motivierung sorgen. Es wird niemals langweilig. Der Job erfordert sehr viel Flexibilität und natürlich auch Geduld und Durchhaltevermögen. Doch gerade dies ist es auch, was den Beruf so reizvoll macht. Auch die Abwechslung: Zurzeit habe ich in den Vorbereitungsklassen meiner Schule einen Alphabetisierungskurs, eine Mathematikgruppe, aber auch Berufsvorbereitung für ältere Schülerinnen und Schüler, die nach diesem Schuljahr an das Berufskolleg wechseln.

Lehrerin war nicht immer mein Traumberuf. Es war sogar das Letzte, was mir nach meinem Abitur in den Sinn kam. Ursprünglich wollte ich Journalistin werden und mich daher ganz klassisch für Germanistik und Politikwissenschaften an der Uni Trier einschreiben. Durch Zufall bin ich so auf den Studiengang »Deutsch als Fremdsprache« aufmerksam geworden, den man damals als Magister-Nebenfach wählen konnte. Schon die Beschreibung klang sehr interessant. Es gab zahlreiche Projekte, zum Beispiel eine Theatergruppe oder Sprachtandems und Kurse für ausländische Studierende. Zudem versprach das Vorlesungsverzeichnis praxisorientierte Seminare. Ich wurde nicht enttäuscht. Gegen Ende meines Studiums zog ich für ein paar Monate von Trier nach Köln, wo ich ehrenamtlich Sprach- und Alphabetisierungskurse durchführte. Zudem arbeitete ich auch ein paar Wochen an einer Grundschule als Integrationshelferin für Deutsch als Zweitsprache. Durch die Praxis merkte ich sehr schnell, dass dies genau das ist, was ich beruflich machen will. Nach ein paar Praktika war mir klar, dass ich am liebsten mit Jugendlichen arbeite, und ich wollte besonders diejenigen unterstützen, die aufgrund mangelnder Deutschkenntnisse an der Hauptschule waren. Ich hatte auch riesiges Glück und konnte in Rheinland-Pfalz direkt den Quereinstieg an die Hauptschule machen. Nach dem Referendariat arbeitete ich fünf Jahre in Rheinland-Pfalz, bevor ich wieder zurück nach Köln kam.«

Sie sagen, dass die Notwendigkeit des raschen Ausbaus des Bereichs DaF/ DaZ viele Schulen vor ein paar Monaten unvorbereitet getroffen hat. Was beobachten Sie für eine Entwicklung, wie reagieren die Schulen?
Bauer: »Der Bedarf einer Sprachförderung für Kinder und Jugendliche mit Migrationshintergrund an den Schulen ist nichts Neues. Allerdings gibt es regional sehr große Unterschiede. In einigen Städten wie Berlin, München oder Köln gab es schon früher viele Kinder mit Migrationshintergrund, die zu Beginn kaum Deutsch sprachen. Die Schulen reagierten natürlich darauf und erstellten schuleigene Konzepte, wie sie die

Kinder optimal fördern können. Schließlich ist Sprache der Schlüssel für gelungene Integration. Wenn die Schulen Kinder auf das Leben vorbereiten sollen, geht das nicht, ohne vorher die Sprache zu beherrschen. An meiner jetzigen Hauptschule in Köln gibt es zum Beispiel schon seit einigen Jahren spezielle Vorbereitungsklassen. Die Konzepte sind dabei nicht starr, sondern werden immer wieder an die aktuelle Situation angepasst.

In anderen Regionen gab es weniger Kinder ohne Sprachkenntnisse. Die Schulen hatten dementsprechend noch keine speziellen Einrichtungen für die sprachliche Förderung. Diese Schulen hat der Flüchtlingsstrom in vielen Fällen unvorbereitet getroffen. Dazu kommt, dass viele Lehrkräfte zu diesem Zeitpunkt keine DaZ-Ausbildung hatten. Kein Wunder, es gab nur einige Universitäten, an denen man dieses Fach studieren oder eine Zusatzqualifikation erwerben konnte.

Nun sind die Anforderungen an die Schulen sehr vielseitig und komplex. Die Hauptaufgabe besteht darin, alle Kinder und Jugendliche bestmöglich zu fordern und zu fördern. An vielen Schulen werden Schülerinnen und Schüler mit und ohne speziellen Förderbedarf gemeinsam unterrichtet. Viele Lehrkräfte haben täglich einen Spagat zu leisten, um sehr heterogene Lerngruppen optimal zu unterrichten und fair zu beurteilen. Nun kommen plötzlich in sehr kurzer Zeit gleich mehrere Kinder ohne Deutschkenntnisse an die Schulen. Einige sind noch nicht alphabetisiert, während andere schon fließend Englisch sprechen und eine gute schulische Bildung genossen haben. Die Vorkenntnisse sind extrem unterschiedlich. Manche Kinder kennen das System Schule eventuell überhaupt nicht. Teilweise haben die Kinder schlimme Erlebnisse hinter sich. Dazu kommt die ständige Angst davor, abgeschoben zu werden.

Wie die Schulen auf aktuelle Entwicklungen reagieren, ist sehr unterschiedlich. Eine Schule mit engagierten Lehrkräften und Eltern, die gut zusammenarbeiten und kommunizieren können, ist hier enorm wichtig. Es gibt tolle Projekte, bei denen Lernende und Eltern helfen und zum Beispiel ein Elterncafé für Ausländische und Deutsche anbieten oder ältere Schülerinnen und Schüler mit den Neuankömmlingen Deutsch üben. Auch die Schülerschaft spielt eine große Rolle. Wenn die Kinder offen sind für neue Klassenkameraden, die noch nicht gut Deutsch sprechen können, gelingt die Integration sehr viel schneller. Kinder lernen sehr schnell von anderen Kindern. Doch dies ist keine Selbstverständlichkeit. Hier ist häufig sehr viel Fingerspitzengefühl notwendig, damit keine Neidgefühle entstehen oder die Klasse genervt ist, wenn jemand etwas häufiger nachfragen muss. Wichtig ist auch, den übrigen Schülern und Eltern zu vermitteln, dass es nur geht, wenn alle zusammenhalten und keiner vernachlässigt wird.«

Fest steht, dass die Qualität der Integrationsbemühungen nicht von oben herab konzipiert und bestimmt werden kann, sondern jede Schule selbst einen Weg für den Umgang mit Zuwanderern finden muss. Sie waren Lehrerin in Rheinland-Pfalz und arbeiten nun in Nordrhein-West-falen. Was haben Sie für Konzepte und Konsequenzen beobachtet? Was denken Sie, wird auf Dauer mehr Erfolg haben?

Bauer: »Jede Schule benötigt ein eigenes Konzept für die besondere Förderung von Kindern mit geringen Sprachkenntnissen. In Rheinland-Pfalz und Nordrhein-Westfalen habe ich ganz unterschiedliche Möglichkeiten kennengelernt, die jeweils beide ihre Vor- und Nachteile haben. Allerdings werden die Konzepte immer wieder an die tatsächlichen Gegebenheiten angepasst. Es tut sich also sehr viel und ist daher als ein dynamischer Prozess zu verstehen.

In Rheinland-Pfalz kommen die Kinder in vielen Fällen ihrem Alter entsprechend in die Regelklassen. Dies hat den Vorteil, dass sie von Anfang an Teil der Klassengemeinschaft sind. In vielen Fächern wie Sport, Kunst, Musik, auch teilweise in den Naturwissenschaften und Mathematik, verläuft dies meist problemlos. In manchen Stunden gibt es ein spezielles Deutsch-Förderangebot, welches sich nach den Vorkenntnissen der Kinder und Jugendlichen richtet. Dies sind nicht immer die Stunden, in denen tatsächlich Deutsch unterrichtet wird, da die Lernenden sich in verschiedenen Klassen befinden. Daher bekommen die Schülerinnen und Schüler meist zusätzliche Übungen, die sie immer dann machen, wenn sie dem regulären Unterricht wirklich überhaupt nicht folgen können.

Dieses Konzept klingt vielversprechend und kann auch tatsächlich ein guter Ansporn sein. Eine meiner ehemaligen Schülerinnen hat erstaunlich schnell Deutsch gelernt und konnte sehr bald dem Regelunterricht folgen. Aufgrund ihrer Intelligenz und ihres großen Fleißes wechselte sie sogar nach sehr kurzer Zeit schon aufs Gymnasium.

Dieses selbstständige Arbeiten funktioniert jedoch nur dann, wenn die Lernenden bereits alphabetisiert sind und zuverlässig arbeiten. Eine zweite Möglichkeit besteht darin, während eines Stationenlernens oder Wochenplans einzelne Kinder und Jugendliche gezielt zu fördern. In der Praxis ist dies nicht immer ganz so einfach, da selbst beim offenen Lernen immer wieder Fragen oder Schwierigkeiten auftreten können. Besonders bei sehr heterogenen Lerngruppen, die sich nicht selbst untereinander helfen können. So bleibt unterm Strich dann doch manchmal zu wenig Zeit zur Sprachförderung. Damit dieses gemeinsame Lernen in der Regelklasse funktioniert, muss es an der Schule unbedingt eine zusätzliche regelmäßige Deutschförderung geben. Haben Schulen nur wenige Kinder ohne Sprachkenntnisse, müssen diese für den Kurs an eine andere Schule pendeln und verlieren dadurch wertvolle Zeit.

Lehrkräfte äußern oft das Bedenken, dass sie für die Kinder ohne Deutschkenntnisse nicht ausgebildet seien und nicht wissen, wie sie diese in ihren Unterricht integrieren können. Diese Sorge ist jedoch meist unbegründet. Vieles kann man durch Weiterbildungen oder Gespräche mit Kollegen lernen. Wichtig ist vor allem, dass man offen ist und den Kindern das Gefühl gibt, dass sie nicht unerwünscht sind. Je nach Klassensituation können Mitschülerinnen und Mitschüler auch mal übersetzen oder als Pate fungieren. Manche Schulen haben in Fachkonferenzen bereits einen Arbeitsplan erstellt und Materialien besorgt, die zwischendurch eingesetzt werden können. Das Rad muss man jedoch nicht neu erfinden. Lehrkräfte verschiedener Schulen tauschen sich untereinander aus oder besuchen sich gegenseitig zum Hospitieren. Auch Bibliotheken und Medienzentren gehen immer mehr auf aktuelle Bedürfnisse ein und sind hier eine große Hilfe.

In Nordrhein-Westfalen setzen viele Schulen auf sogenannte ›Vorbereitungsklassen‹. Die Vorteile liegen auf der Hand: Hier können die Lehrkräfte viel besser auf den Einzelnen oder die Einzelne eingehen. Schülerinnen und Schüler können zunächst einmal die Sprache lernen, bevor sie dann in die Regelklasse wechseln. Nicht nur Deutsch steht auf dem Stundenplan, sondern auch andere Fächer wie Kunst, Musik, Sport, Mathematik und Geschichte. Je nach Schüleranzahl gibt es verschiedene Möglichkeiten, diese Vorbereitungsklassen zu gestalten. Man kann die Kinder nach Alter oder anhand ihrer Sprachkenntnisse einer Klasse zuweisen. An meiner aktuellen Schule wurden die Klassen nach Alter (10 bis 13 und 14 bis 16) gebildet. Zwar sind die Kenntnisse extrem unterschiedlich, aber es ist für einen 16-Jährigen kein Vergnügen, den ganzen Tag mit mehreren 10-Jährigen die gleichen eher kindlich orientierten Deutschübungen zu machen. Täglich gibt es daher zwei Stunden speziellen Förderunterricht. Dann werden die vier Vorbereitungsklassen aufgeteilt, und die Kinder besuchen je nach Leistungsstand den entsprechenden Kurs in Mathe, Deutsch und Englisch.

Der Austausch zwischen den Lehrkräften der Vorbereitungsklasse ist hier enorm wichtig. Zudem werden für ein solches Konzept, wenn es gelingen soll, ausreichend Lehrkräfte benötigt.

Spätestens nach zwei Jahren müssen die Kinder und Jugendlichen in die Regelklassen wechseln. Wenn ein Kind nach Deutschland kommt und erst alphabetisiert werden muss, dauert es unter Umständen etwas länger, bis es bereit für die Regelklasse ist. Denn dort fällt dann die Unterstützung häufig sehr viel geringer aus.

Jedes Kind ist anders. Daher gibt es wahrscheinlich kein Konzept, das für alle gleichermaßen passt. Ich würde mir mehr Flexibilität wünschen, um schneller auf die tatsächlichen Bedürfnisse der einzelnen Schülerinnen und Schüler eingehen zu können. Es müssen auf jeden Fall ausreichend Lehrerstellen geschaffen werden, damit die Förderung der Lernenden mit Migrationshintergrund gewährleistet werden kann, ohne dass dabei die anderen Kinder und Jugendlichen vernachlässigt werden. Auch räumliche Gegebenheiten und das Budget einer Schule spielen eine wichtige Rolle. Mit ausreichend finanziellen Mitteln, einem guten Materialbestand, speziellen zusätzlichen Räumlichkeiten mit PCs oder Tablets ist einiges möglich.«

Und Sie ganz persönlich? Was für Gefühle haben Sie bei Ihrer Arbeit und wie gehen Sie damit um?
Bauer: »Als Hauptschullehrerin habe ich schon einiges erlebt – Schönes wie Trauriges. Glücklicherweise wurde noch keiner meiner Schützlinge abgeschoben. Denn auch wenn ich versuche, mit Professionalität und einer gesunden Distanz meiner Arbeit nachzugehen, würde mich dies wohl sehr treffen. Ich weiß, dass eine Abschiebung sehr plötzlich kommen kann und bange häufig gemeinsam mit meinen Schülerinnen und Schülern.

Eine meiner aktuellen Schülerinnen im Alphabetisierungskurs hat in ihrer Heimat vor der Flucht unvorstellbar Schlimmes erlebt. Während einer Pausenaufsicht sah ich sie alleine auf dem Schulhof stehen. Sie war noch nicht lange an der Schule und hatte noch keinen Anschluss gefunden. Ich fragte sie, ob sie mit den anderen Fußball spielen wolle. Sie wollte und hatte sich nicht getraut zu fragen, da ihre Deutschkenntnisse dazu nicht ausreichten. Die anderen ließen sie gerne mitspielen, und sie hatte sichtlich Spaß dabei. Nach dem Spiel hat sie sich sogar noch bei mir bedankt. Das ist zwar nur eine vermeintliche Kleinigkeit, aber ich wusste, dass ihr das wirklich wichtig gewesen und für sie eben keine Selbstverständlichkeit war.«

Was, denken Sie, braucht es, um die neu zugewanderten Schülerinnen und Schüler bestens zu integrieren? Wie weit sind wir davon entfernt?
Bauer: »Ein wichtiger Schritt für eine gelungene Integration ist sicher die Sprache. In diesem Bereich wird schon sehr viel getan. Schön wäre es, wenn man nicht nur die Kinder, sondern auch ihre Eltern erreichen könnte. Es gibt wohl Projekte mit Schulen, die Sprachkurse für Eltern anbieten. So etwas wäre ein wichtiger Schritt – vorausgesetzt, die Eltern würden dies auch in Anspruch nehmen. Dieser Kurs wäre nicht nur eine gute Gelegenheit, um die Sprache besser zu beherrschen, sondern auch für einen Austausch untereinander – am besten in einer angenehmen gemütlichen Atmosphäre. Schön wäre auch ein regelmäßiges Treffen von Eltern – ob mit oder ohne Migrationshintergrund. So wächst auch das Verständnis unter- und füreinander. Man darf nicht vergessen, dass die Familien nicht nur auf eine neue Kultur treffen, sondern auf viele verschiedene und es da schon mal den einen oder anderen Konflikt geben kann.

Eine gelungene Integration setzt außerdem Toleranz und Respekt vor anderen Menschen voraus – unabhängig ihres Geschlechts, ihrer Religion, Traditionen und Bräuche. Dies ist etwas, das wir allen unseren Schülerinnen und Schülern nahebringen sollten. Integration beginnt schon in der Schule. Die Kinder orientieren sich an ihren Mitschülerinnen und Mitschulern. Es ist wichtig, dass sie freundlich aufgenommen und respektiert werden, auch wenn sie ›anders‹ sind, und andere ebenfalls respektieren.

Die Schule hat meiner Meinung nach zudem die Aufgabe, junge Menschen auf die Zukunft vorzubereiten, ihnen diese dadurch zu ermöglichen. Gerade die Vorbereitung auf ein Leben nach der Schule ist sehr wichtig. Viele Jugendliche, die bald die Schule verlassen, sind beunruhigt, da sie ohne gesicherten Aufenthaltsstatus keine Lehrstelle finden. Da ist nicht die einzige Schwierigkeit. Ich unterrichte auch in Regelklassen viele Jugendliche, die einen Migrationshintergrund haben, aber schon einige Jahre mit gesichertem Aufenthaltsstatus hier leben. Immer wieder stelle ich fest, dass unglaublich viel Potenzial in diesen jungen Menschen steckt. Sie sprechen mehrere Sprachen, sind besonders selbstständig oder haben sportliches oder künstlerisches Talent. Leider haben sie in Mathe, Deutsch oder Englisch keine Bestnoten und sind dann frustriert, da sie davon ausgehen, sowieso nichts zu können und daher auch keine Lehrstelle zu finden. Also, ich spreche keine vier Sprachen und in der achten Klasse war ich weit davon entfernt, zu wissen, wie man auf ein Baby aufpasst oder die Waschmaschine bedient. Diese Jugendlichen haben extrem viel Potenzial. Junge Menschen brauchen eine Perspektive, wir brauchen diese jungen Menschen und ihre Leistungskraft.«

Integration durch Bildung

Können wir mit den bestehenden Strukturen die Zugewanderten willkommen heißen? Noch immer werden Menschen mit Migrationshintergrund durch das System diskriminiert. Aber eine Schule macht alles anders.

Leistungsdruck und Konkurrenz

»Enttäuschend ist es jedes Mal, wenn man Schülerinnen und Schüler hat, denen es egal ist, ob sie Deutsch lernen oder nicht und mich als ihre Angestellte ansehen, die für ihren Lernerfolg verantwortlich ist. Einige erkennen die Chance nicht und nutzen sie auch nicht. Die Einhaltung von Regeln fällt zugewanderten Kindern auch oft schwer. Und leider entwickelt sich mit der Zeit eine Sonderstellung der Flüchtlinge. Das beinhaltet, dass deutsche Schülerinnen und Schüler ständig zur Rücksichtnahme angehalten werden, die Flüchtlingskinder allerdings sehr stark ausnutzen. Das sorgt für Zündstoff.« So beschreibt die Hauptschullehrerin Silke Rode (Name geändert) aus Nordrhein-Westfalen die Schwierigkeiten mit Zuwanderern im Unterricht. Tatsächlich verstehen zugewanderte Schüler Schule und Bildung »nicht immer im Sinne von gesellschaftlicher Verantwortung, als ein Geben und Nehmen« (Bistritzky 2013: 39). Herausgerissen aus ihrem kulturellen und gesellschaftlichen Kontext, Erfahrungen mit Flucht, Gewalt und Tod – da ist es verständlich, dass bei diesen Schülerinnen und Schülern erst einmal etwas anderes als Deutschlernen im Mittelpunkt steht. Die von der Lehrerin beschriebene »Sonderstellung der Flüchtlinge« im Unterrichtsalltag zeigt außerdem, wie sehr das Schulklima von den Neuankömmlingen beeinflusst wird. Somit baut sich nicht nur das Spannungsfeld Kind – Unterricht auf, sondern auch das Spannungsfeld Kind – Mitschüler. Die Autorin Heidi Bistritzky fasst das Dilemma so zusammen: »Leistungsdruck und Leistungsbeurteilung, Konkurrenzverhalten zwischen Schülern, mangelnde soziale Unterstützung durch Lehrpersonal und Mitschüler sowie eine geringe Mitbestimmungsmöglichkeit führen zu Schulunlust, Leistungseinbruch, Aufmerksamkeitsstörung und externalisierenden wie internalisierenden Störungen« (Bistritzky 2013: 39).

Vor diesem Hintergrund muss die Frage gestellt werden, wie Flüchtlingskinder am besten an deutschen Schulen aufgenommen werden können, denn die Integration, durch die eine attraktive Zukunftsperspektive erst möglich wird, ist trotz aller Schwierigkeiten für die Beteiligten untrennbar mit dem Bildungserwerb verknüpft.

Wie die Flüchtlingskinder in den Schulen aufgenommen und nach welchem Konzept sie dann unterrichtet werden, dafür gibt es kein einheitliches Rezept. Verschiedene Modelle sind denkbar: vom integrativen Unterricht in einer normalen Regelklasse bis zur Extra-Beschulung in einer eigenen Willkommens- oder Vorbereitungsklasse – und alle Mischformen dazwischen. Kölner Bildungsforscher haben im Herbst 2015 in einer

Studie die unterschiedlichen schulorganisatorischen Modelle in den 16 deutschen Bundesländern untersucht und dabei fünf wesentliche Varianten identifiziert (vgl. Massumi et al. 2015). »Alle Modelle sind darauf angelegt, möglichst schnell den Übergang in eine Regelklasse bzw. Berufsausbildung zu ermöglichen«, heißt es in der Untersuchung. Die Stadtstaaten Berlin und Hamburg verfahren vergleichsweise einheitlich, in den meisten anderen Bundesländern sind jedoch mehrere Modelle im Einsatz, abhängig von der Region, Schülerzahlen und der Schulform. »Insgesamt werden parallel geführte Klassen häufiger an weiterführenden Schulen eingerichtet als an Grundschulen«, sagt Nora von Dewitz, Mitarbeiterin des Kölner Mercator-Instituts und Mitautorin der Untersuchung: »Zu der Frage, welches Modell am besten funktioniert, gibt es noch keine wissenschaftlich fundierte Antwort. Grundsätzlich können sowohl integrative Modelle als auch parallele Modelle sinnvoll sein. Das Modell muss zur Schule passen.«

Schulorganisatorische Modelle an einer Regelschule
Welche Arten von Klassen eignen sich am besten für die zugewanderten und schulpflichtigen Kinder und Jugendlichen? In den deutschen Bundesländern werden verschiedene schulorganisatorische Modelle umgesetzt, die sich darin unterscheiden, inwieweit zugewanderte Schülerinnen und Schüler in getrennten Klassen unterrichtet werden oder am Regelunterricht teilnehmen.

Das Mercator-Institut für Sprachförderung und Deutsch als Zweitsprache hat zusammen mit dem Zentrum für LehrerInnenbildung der Universität zu Köln über zwei Jahre hinweg eine Bestandsaufnahme neu zugewanderter Kinder und Jugendlicher im deutschen Schulsystem erstellt und im Oktober 2015 veröffentlicht.

In der Analyse stellen die Autoren fest, dass sich wegen des föderal organisierten Bildungssystems in Deutschland abhängig von der Größe und Struktur des Bundeslandes fünf Grundmodelle der Schulorganisation beschreiben lassen. »Ziel aller Modelle ist es, einen erfolgreichen Übergang in den Unterricht der Regelklasse bzw. in das Berufsleben zu ermöglichen« (Massumi et al. 2015: 6). Insgesamt handelt es sich nicht um klar abgrenzbare Formen, sondern um ein Kontinuum an Organisationsformen mit unterschiedlich abgestuften Anteilen von Sprachförderung und Unterricht in einer Regelschulklasse, die hier zu Modellen verdichtet werden.

1. Submersives Modell: Neu zugewanderte Kinder und Jugendliche gehen ab dem ersten Schultag in Regelklassen und nehmen an den allgemeinen Förderangeboten der Schule teil. Dieses Modell ist vor allem in der Primarstufe angesiedelt.

2. Integratives Modell: Neu zugewanderte Kinder und Jugendliche besuchen ab dem ersten Schultag eine Regelklasse und erhalten additive Sprachförderung. Dieses Modell ist in allen Schulformen zu finden.

3. Teilintegratives Modell: Neu zugewanderte Kinder und Jugendliche werden in einer speziell eingerichteten Klasse unterrichtet, nehmen jedoch in einigen Fächern am Regelunterricht teil. Dieses Modell ist vor allem in den Sekundarstufen I und II angesiedelt.

4. Paralleles Modell: Neu zugewanderte Kinder und Jugendliche verbringen über einen bestimmten Zeitraum die gesamte Unterrichtszeit in einer speziell eingerichteten Klasse, die parallel zu den regulären Klassen geführt wird. Dieses Modell ist vor allem in den Sekundarstufen I und II angesiedelt.

5. Paralleles Modell Schulabschluss: Neu zugewanderte Kinder und Jugendliche gehen in eine parallel geführte Klasse. Sie bleiben bis zum Ende der Schulzeit im Klassenverband und bereiten sich ohne den Kontakt zu einer Regelklasse auf den Schulabschluss vor. Dieses Modell ist vor allem in der Sekundarstufen II und an berufsbildenden Schulen angesiedelt (vgl. Massumi et al. 2015: 44 ff.).

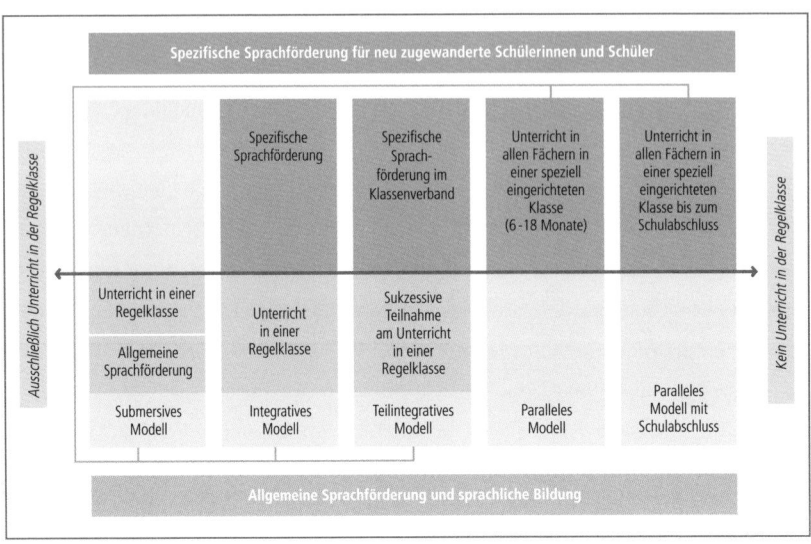

Schulorganisatorische Modelle für neu zugewanderte Kinder und Jugendliche (Mercator-Institut für Sprach-förderung und Deutsch als Zweitsprache / Zentrum für LehrerInnenbildung 2015)

Eine Evaluation der Modelle liegt derzeit nicht vor. Mitautor Michael Becker-Mrotzek bewertet die einzelnen Methoden so: »Empirisch wissen wir gar nichts, die Modelle müssen noch evaluiert werden. Das Einzige, was wir sicher sagen können, ist: Das erste Modell, das wir das submersive nennen, ist nicht in Ordnung. Hier werden Kinder in die Regelklassen gesteckt, ohne gezielt Deutschunterricht zu erhalten. Das reicht nicht. Alle anderen haben ihre Berechtigung. Welches Modell am erfolgreichsten ist, hängt vom Alter der Kinder ab, von ihren Voraussetzungen, aber auch von der Einstellung und Ausbildung der Lehrerinnen und Lehrer. In der Grundschule ist es gut möglich, die Kinder sofort mit allen anderen einzuschulen, wenn sie parallel Deutsch lernen. Denn alle Schülerinnen und Schüler müssen noch lesen, schreiben und rechnen lernen. Es gibt Schulformen, an denen Lehrkräfte außerdem auf Kinder mit sehr unterschiedlichen Voraussetzungen eingestellt sind. Der Vorteil: Die neu zuge-wanderten Kinder sind sofort mit deutschsprachigen in Kontakt. Integration gelingt so leichter« (Sadigh 2015).

Bildungsökonom Ludger Wößmann rät im Hinblick auf das richtige Unterrichtsmodell: »Die Lernforschung zeigt, dass junge Kinder am schnellsten die Sprache lernen, wenn sie ins kalte Wasser geworfen werden und täglich sprachlichen Austausch mit Kindern ohne Migrationshintergrund haben. Das heißt, möglichst alle Kleinkinder sollten spätestens mit drei in die Kita gehen und die Grundschulkinder von Anfang an in die Regelklassen« (Wiarda 2016).

»Insbesondere in der Sekundarstufe ist inzwischen die Praxis verbreitet, dass zunächst eine intensive Sprachförderung in separaten Klassen erfolgt, wobei für einzelne Fächer eine Teilnahme am Unterricht in der Regelklasse vorgesehen sein kann. Auf diese Weise wird versucht, sowohl die sprachliche als auch die soziale Integration der Schülerinnen und Schüler zu unterstützen. Wie die Schüler didaktisch gefördert werden, wird allerdings weitgehend den Lehrkräften überlassen. Zwar existieren theoretisch fundierte Vorstellungen darüber, wie eine Zweitsprachförderung angelegt sein sollte, um effektiv zu sein. Belastbare Befunde zur Frage, was tatsächlich wirksam ist, liegen bislang jedoch nicht vor«, sagt die Psychologin Petra Stanat, die unter anderem die Abteilung Bildung und Integration am Berliner Institut für empirische Integrations- und Migrationsforschung leitet (Klostermann 2015).

Im Eingangsstatement zur diesjährigen Bildungsmesse Didacta im Februar 2016 hieß es: »Derzeit lastet sehr viel Verantwortung auf den Fach- und Lehrkräften. Sie sehen sich mit der immensen Aufgabe konfrontiert, den schutzsuchenden Kindern und Jugendlichen den Weg zu einer gelingenden Integration und Bildung zu ebnen und ihnen zugleich Geborgenheit zu geben und das Gefühl zu vermitteln, bei uns willkommen zu sein« (Didacta 2016). Wahre Worte, werden doch in den schulorganisatorischen Modellen den Schulen enorme Handlungsfreiräume in der Gestaltung zugestanden. Sie können und sollen eigene Konzepte entwickeln und umsetzen. Letztlich hängt die gelungene Eingliederung der schulpflichtigen Flüchtlinge also von der Qualität des Unterrichts ab. »Momentan wird viel über Oberflächenmerkmale diskutiert, etwa über die Frage, ob eine getrennte Beschulung dieser Gruppe von Heranwachsenden sinnvoll ist, wie lange diese andauern sollte, und so weiter. Wichtig ist aber auch zu wissen, welche Förderansätze wirksam sind, was in der Praxis gegeben sein muss, damit ihre Umsetzung gelingt, und inwieweit die Ansätze dann auch tatsächlich effektiv sind. Das erfordert systematische Entwicklung, Einsatz und Evaluation von Förderkonzepten, am besten in Zusammenarbeit zwischen Wissenschaft und Praxis«, sagt Stanat. Die OECD-Studie »Immigrant Students at School: Easing the Journey towards Integration« empfiehlt auf Basis von PISA-Daten die gezielte Sprachförderung parallel zur schnellen Integration in reguläre Klassen. Unterricht von Zuwanderern in separaten Klassen sollte laut OECD nach Möglichkeit vermieden werden (OECD 2015 c).

Die Recherchen zu diesem Buch machen deutlich, dass es für Schulen und insbesondere für Lehrerinnen und Lehrer oft schwierig ist, innerhalb der Rahmenbedingungen ein theoretisches Konzept zu entwickeln, das sich tatsächlich im Alltag umsetzen lässt und alle Bedürfnisse bedient. Dies berichtet auch die Kölner Hauptschullehrerin Silke Rode: »Derzeit unterrichte ich an einer Schule, die ein teilintegratives Modell verfolgt. Das bedeutet, dass jeder Schüler einer Regelklasse zugeordnet ist, aber regelmäßig den Flüchtlingsunterricht besucht.« Gerade der additive Sprachunterricht sei oft gefährdet: »In meinem Fall ist es sogar so, dass ich die Stelle mit der Verpflichtung zu einem Qualifizierungskurs für Deutsch als Zweitsprache bekommen habe. Allerdings werden diese Kurse in der Region nur spärlich angeboten, weil einfach das Fachpersonal dazu fehlt. Dennoch ist der Unterricht zu gewährleisten. Das Problem ist nur, dass aufgrund des hohen Lehrermangels an den Schulen der DaZ-Unterricht sehr häufig ausfällt, da man anderweitig in Vertretung eingesetzt wird.«

Strukturelle Diskriminierung von zugewanderten Schülerinnen und Schülern
Die Kultusministerkonferenz geht davon aus, dass 20 000 Lehrerinnen und Lehrern zusätzlich benötigt werden, um die Flüchtlingskinder zu unterrichten. Die Lehrergewerkschaft GEW schätzt den Bedarf auf 24 000 zusätzliche Lehrkräfte. Der Philologenverband geht von 25.000 aus (Kramer 2015).

Neben den Wünschen der Lehrerinnen und Lehrer nach mehr Personal und einem höheren Budget sollen hier die Aspekte der institutionellen Diskriminierung im deutschen Schulsystem kurz umrissen werden, denn die Schulorganisation ist an den grundsätzlichen Problemen der Integration ursächlich beteiligt. Die Diskriminierung ist zudem unter anderem eine Konsequenz aus der sparsamen Bildungspolitik von Bund, Ländern und Kommunen und muss in der Debatte über die Qualität der schulorganisatorischen Modelle berücksichtigt werden.

Zahlreiche Untersuchungen haben gezeigt, dass das Schulsystem für »Kinder mit einem Migrationshintergrund, zumal wenn sie aus Familien mit geringem ökonomischem und sozialem Kapital stammen, wenig Chancen lässt« (Gomolla 2010: 95; siehe auch Bos/Wendt 2008: 55). Die Bildungskarrieren in Deutschland werden vor allem durch die institutionelle Weichenstellung am Ende der Grundschule entscheidend geprägt. Grob zusammengefasst tragen nach Gomolla folgende Mechanismen zu einer strukturellen Diskriminierung bei:

→ Kinder mit mangelnden Deutschkenntnissen werden in die Vorschule oder den Schulkindergarten zurückgestuft. Der Eintritt in die Primastufe verzögert sich dadurch um ein Jahr.

→ Kinder mit Migrationshintergrund werden vielfach »aufgrund von Sprachdefiziten vor allem auf dem Hintergrund fehlender Sprachförderung« (Gomolla 2010: 95) in der Übergangsentscheidung in die Sekundarstufe I heruntergestuft.

→ Die Gesamtschule wird häufig als die passende Schule für Kinder und Jugendliche mit Migrationshintergrund erachtet, womit eine Entscheidung für einen geeigneteren Bildungsweg oft umgangen wird. An der Gesamtschule abgelehnte Schülerinnen und Schüler wechseln tendenziell an die Hauptschule, nicht an eine Realschule.

→ Nur selten wechseln Kinder mit Migrationshintergrund auf eine höhere Schule – trotz guter Noten.

Aufgrund der verschiedenen Akteure im Bildungssystem, der Gestaltungsfreiräume der Schulen und der strukturellen Unterschiede in den Bundesländern lässt sich hier nicht diskutieren, welches der Organisationsmodelle besser oder schlechter für zugewanderte Kinder und Jugendliche geeignet ist bzw. wie sehr die strukturelle Diskriminierung im Einzelfall nachweisbar ist. »Bestehende Handlungsspielräume werden in einzelnen Schulen oder von einzelnen Lehrpersonen auch durchaus unterschiedlich wahrgenommen und genutzt«, sagt Gomolla – »wenn auch in gewissen Grenzen, durch Bedingungen auf den jeweils übergeordneten Ebenen« (Gomolla: 2010: 97).

Auch die Hauptschullehrerin Silke Rode ist sich sicher: »Ich denke auf jeden Fall, dass die große Flüchtlingswelle die Schulen derzeit überfordert. Aber es wird viel dafür getan, die Schüler so gut wie möglich aufzufangen und viele Schulen sind sehr willig, sich den derzeitigen Veränderungen anzupassen und auch den Unterricht weiter auszustatten.«

Das Konzept der Schlauschule
Schulpflichtige Zuwanderer nach ihrer Ankunft in die Regelschule aufzunehmen ist in Deutschland die übliche Vorgehensweise. Alternative Konzepte haben es bislang

kaum in die öffentliche Wahrnehmung geschafft. Für über 18-jährige, also nicht mehr schulpflichtige Zuwanderer gibt es bislang keine landesweit eingerichteten Möglichkeiten, eine Regelschule zu besuchen und dort einen Abschluss zu machen. (Die Vorbereitung auf die Nachholung von Schulabschlüssen an Volkshochschulen oder beruflichen Schulen werden hier ausgeklammert.)

Es gibt allerdings eine Ausnahme, die in der Diskussion um Integration durch Bildung eine genauere Betrachtung wert ist: das Modellprojekt Schlauschule in München. Die Ergänzungsschule in freier Trägerschaft (Trägerkreis Junge Flüchtlinge e.V.) bereitet seit dem Jahr 2004 Flüchtlinge zwischen 16 bis 21 Jahren auf die Abschlussprüfung an einer Regelschule vor. Die staatlich anerkannte Schule ermöglicht unbegleiteten jungen Flüchtlingen einen Zugang zum Schulsystem, die nach dem Schulgesetz keinen Anspruch auf den Besuch einer Regelschule mehr haben. An der Schlauschule – der Name leitet sich von der Bezeichnung »SCHuLAnaloger Unterricht« ab – werden zusammen mit der Tochterschule »Integration durch Sofortbeschulung und Stabilisierung (ISuS)« rund 300 junge Flüchtlinge analog zum Kernfächerkanon der bayerischen Mittelschulen in bis zu zwanzig Klassen unterrichtet. Nach eigenen Angaben werden etwa 85 Schülerinnen und Schüler jährlich zum Schulabschluss geführt und in Ausbildung oder weiterführende Schulen vermittelt (Schlauschule 2016). Das Angebot ist seit dem Schuljahr 2013/2014 auf 57 Klassen in verschiedenen Städten in Bayern ausgeweitet worden (Weiser 2014).

Der Ablauf gestaltet sich so: Die Dauer des Schulbesuchs beträgt zwischen ein und vier Jahre. In der Alphabetisierungsstufe werden die lateinische Schriftsprache, Basiskenntnisse des deutschen Grammatiksystems, einfache Mathematik und erste Themen der Fächer Ethik, GSE (Geschichte, Sozialkunde, Erdkunde), AWT (Arbeit, Wirtschaft, Technik), Sport, Kunst und Musik unterrichtet. In der Grund- und Mittelstufe werden die Inhalte in diesen Fächern ausgebaut und die Fächer IT (Information, Technik) und PCB (Physik, Chemie, Biologie) eingeführt. Dazu werden allgemeines Wissen und Schlüsselkompetenzen vermittelt, welche die Teilhabe an der Gesellschaft erleichtern. In der Abschlussstufe, die analog dem staatlichen Schulsystem mit Klasse 9 und 10 benannt ist, werden die Schülerinnen und Schüler auf die Prüfungen zum Mittelschulabschluss, auf den qualifizierenden Mittelschulabschluss oder den mittleren Schulabschluss vorbereitet, die sie jeweils extern an einer mit der Schlauschule kooperierenden Schulen ablegen (Schlauschule 2016).

Maximal 16 Schülerinnen und Schüler lernen in einer Klasse, das Stufensystem ist durchlässig, ein unterjähriger Wechsel in eine höhere Stufe möglich. »Die unterschiedlichen Lebenswege und Lernbiografien der Schülerinnen und Schüler machen eine individuelle und vor allem auch sozialpädagogische Betreuung unabdingbar«, heißt es in der Schlauschule. Das pädagogische Leitbild klingt wie ein Schulparadies: »Um dies zu erreichen, ergänzen umfassende Beratungs- und Betreuungsangebote den Unterricht. Dazu zählen die Schulsozialarbeit, Nachhilfe, berufliche Orientierung, das Programm Schlauzubi, aber auch spontane Gespräche. Sich Zeit nehmen, zuhören, aber auch Grenzen setzen und Regeln geben sind die wesentlichen Elemente unseres Miteinanders. Nicht selten werden Lehrende dadurch zu wichtigen Bezugspersonen über den Unterricht hinaus. Unterrichtsinhalte und Progression sind auf die Lernenden und ihre sehr unterschiedlichen Bildungsbiografien abgestimmt« (Schlauschule 2016).

Kritisch hinterfragend könnte man annehmen, die Flüchtlinge würden in diesem Modell isoliert und stünden damit der eigenen Integration und Inklusion im Wege. Der Vorstandsvorsitzende des Vereins Trägerkreis Junge Flüchtlinge e.V. und langjährige Schulleiter der Schlauschule, Michael Stenger, hält dagegen: »Ein geschützter Raum ist absolut notwendig. Die Schüler brauchen Zuwendung und ein auf sie zugeschnittenes Konzept«, sagt er (Podium der Körber-Stiftung 2015). Für ihn ist klar: »Was sollen sie da [an einer Regelschule], solange sie nicht sprechen können, nichts verstehen im Unterricht? Dann kommen Frust und Aggressionen auf«, sagte Stenger der Frankfurter Allgemeinen Sonntagszeitung. Der Erfolg seines mehrfach ausgezeichneten Vorzeigeprojekts gibt ihm Recht. »Niemand ist motivierter als die Flüchtlinge. Die wissen, dass das hier ihre Chance ist«, sagt Stenger (Weiguny 2016).

Hauptsponsor des Modellprojekts ist die Stadt München, mit von der Partie außerdem: der Freistaat Bayern, die Europäische Union sowie zahlreiche Stiftungen, Betriebe und Unternehmen. »Die Wirtschaft sagt mir, ›was wir heute investieren, kommt uns übermorgen um ein Vielfaches finanziell zurück‹«, sagt Stenger. Die Frankfurter Allgemeine Zeitung rechnete jüngst vor: »Die Kosten je Schüler an der Schlauschule liegen bei 10 300 Euro im Jahr. Zum Vergleich: Ein Schüler in Deutschland kostet nach Angaben des Statistischen Bundesamtes 6300 Euro im Jahr. Doch ist der Anteil der Schüler, die keinen Abschluss machen, an der Schlauschule besonders gering; er beträgt nur zwei Prozent« (Gromes 2015).

Das Team um Michael Stenger hat seine Erfahrungen in dem Thesenpapier »Gelingens-faktoren zur Beschulung junger Flüchtlinge« zusammengefasst. Vor dem Hintergrund des Erfolgs der Schlauschule können einige der organisatorischen Empfehlungen auch für den gelingenden Schulbesuch schulpflichtiger Flüchtlinge an Regelschulen bedeut-sam sein:

→ Die mögliche Schuldauer bis zum Erlangen des Schulabschlusses soll für berufs-schulpflichtige junge Flüchtlinge ein bis vier Jahre betragen.

→ Das Schulangebot soll allen (berufs-)schulpflichtigen jungen Flüchtlingen gerecht werden und die Bereiche von Alphabetisierung bis zur Nachbetreuung umfassen.

→ Die Bereiche von Alphabetisierung bis zur Nachbetreuung sollen für junge Flücht-linge integrativ in einer Institution zusammengelegt sein, um Beziehungsbrüche und Institutionenwechsel auf ein Minimum zu reduzieren.

→ Die Struktur des schulischen Angebots soll der traumapädagogischen Vorgabe des »sicheren Ortes« gerecht werden. Das heißt, es wird ein geschützter Rahmen in Form von eigenen Klassen oder eigenständigen Bildungsgängen geschaffen.

→ Die schulische Arbeit soll von ausreichender und im Schulalltag integrierter Schul-sozialarbeit unterstützt werden.

→ Schulische Angebote sollen zum staatlich geprüften Schulabschluss führen. Die Jugendlichen sollen durch ihren Abschluss befähigt sein, entweder eine Ausbil-dung zu beginnen oder nach Möglichkeit eine weiterführende Schulbildung wahr-zunehmen.

→ Lehrende in der Beschulung von jungen Flüchtlingen sollen entsprechend bereits vorhandener geeigneter Qualifikationen eingesetzt werden.

→ Lehrende sollen zielgerichtet und ausreichend unter Einbindung der Institutionen, die bereits viele Jahre junge Flüchtlinge unterrichten, aus- und weitergebildet werden.

Senken Flüchtlinge das Niveau einer Schulklasse?

Der Deutsche Philologenverband sorgt sich um die Ausbildung der Kinder und Jugendlichen in den Schulen. »Schon wenn der Anteil von Kindern nichtdeutscher Muttersprache bei 30 Prozent liegt, setzt ein Leistungsabfall ein. Dieser wird ab 50 Prozent dramatisch«, sagt Verbandschef Heinz-Peter Meidinger. Seine Organisation vertritt rund 90 000 Gymnasiallehrer. Auch deutschstämmige Schülerinnen und Schüler würden demnach darunter leiden, wenn sie mit vielen Migrantinnen und Migranten in dieselbe Schule gehen – Meidinger fordert deshalb eine Quotierung (Kramer 2015). Expertinnen und Experten wie Petra Stanat sehen das anders: »Die Befundlage zu der Annahme, dass Schülerinnen und Schüler in Klassen oder Schulen mit hohem Migrantenanteil geringere Leistungen erzielen, ist jedoch sowohl für Deutschland als auch international widersprüchlich« (Stanat 2006). Die Bildungsforscherin Stanat hatte in ihrer Untersuchung PISA-Daten für Hauptschulen aus dem Jahr 2000 ausgewertet. Sie kommt zu dem Ergebnis: Bei einem Migrantenanteil von 40 Prozent und mehr sinken zwar die Leistungen der ganzen Klasse – allerdings scheinen die Nachteile »nicht spezifisch an den Migrantenanteil gekoppelt zu sein« (Stanat 2006). Vier Jahre später postuliert sie: »In Schulen, die von relativ vielen Schülerinnen und Schülern aus zugewanderten Familien besucht werden, verfügt die Schülerschaft häufig auch im Hinblick auf den sozioökonomischen Hintergrund und die kognitiven Grundfähigkeiten über weniger günstige Eingangsvoraussetzungen. Bei Kontrolle dieser Merkmale der Schülerschaft auf Schulebene waren die Effekte des Migrantenanteils in der Analyse nicht mehr nachweisbar« (Stanat 2010).

Zu Besuch in der Welt-Schule Borgfeld

*In Bremen sorgen Freiwillige
für regelmäßigen Deutschunterricht.*

»Wann hast du Geburtstag?«, fragt Sylke Lassmann und blickt Nesar an. Der junge Afghane überlegt kurz, dann sagt er: »Mein Geburtstag ist am 43. März.« Einen Moment bleibt es still im Raum, dann prusten alle los: Omid und Ali, Saeed, die drei Mustafas und Nesar selbst. Sie kennen das alle, diese Schwierigkeiten mit den deutschen Zahlen – und so ist es ein freundliches, solidarisches Lachen, in das Nesar entspannt mit einstimmen kann. Auch Sylke Lassmann und Elke Stierle müssen lächeln, die an diesem Mittwochnachmittag den Deutschkurs für minderjährige Flüchtlinge leiten. Der »43. März« ist natürlich eine Verwechslung, Nesar meint den 23. – und nachdem das geklärt ist, geht es gleich weiter im Lehrbuch »Deutschkurs für Asylbewerber«: Was können die 16- und 17-Jährigen gut? Welche Interessen haben sie, was sind ihre Hobbys? »Ich kann gut kochen und gut Fliesen legen«, sagt Omid. Ali dagegen macht es sich einfach. Auf die Frage nach Dingen, die er gerne macht, antwortet er schlicht »Alles!« Wieder lacht der ganze Kurs, dann liest Ali schnell vor: »Schwimmen, Musik hören, Fußball spielen, Tanzen.« Man merkt, dass das keine große Herausforderung mehr für ihn ist.

Viermal in der Woche kommen die jungen Flüchtlinge ins Gemeindehaus der evangelischen Kirchengemeinde in Bremen-Borgfeld. Hier, im hellen, freundlich eingerichteten Gruppenraum in der ersten Etage, sitzen sie jeweils für eine einzige Stunde zusammen und werden unterrichtet – von Freiwilligen wie Elke und Sylke. Der Kurs ist nur einer von sechs, die parallel angeboten werden. Welt-Schule Borgfeld heißt das Projekt, und natürlich ist die Welt-Schule keine richtige Schule, auch wenn neben Buchhändlerinnen, einer pharmazeutisch-technischen Assistentin, einer Journalistin und Vertretern etlicher anderer Professionen auch mehrere Grundschullehrerinnen zum Team gehören. Rund 30 Ehrenamtliche haben sich zusammengetan, um auf diese Weise 25 Deutschstunden wöchentlich anzubieten – zum Teil hier im Gemeindehaus, zum Teil auch in der benachbarten Grundschule, wo vor allem

diejenigen minderjährigen Flüchtlinge unterrichtet werden, die bisher kaum lesen und schreiben können.

Das ist bei Ali, Nesar, Omid und den anderen nicht so: Sie alle haben mehr oder weniger lange Schulerfahrung in Afghanistan hinter sich, manche sogar einen Beruf gelernt oder zumindest schon gearbeitet. So wie Saeed, der zusammen mit seinem Bruder nach Deutschland geflohen ist und in Afghanistan als Schneider gearbeitet hat. Im Herbst 2015 kamen sie nach Bremen und warten, wie hunderte andere minderjährige Flüchtlinge im Stadtstaat, auf einen Platz in einer richtigen Schule und mit richtigem Unterricht. Doch das kleine Bundesland ist überfordert: Es fehlen Lehrkräfte, Räume und Konzepte. Und so sitzen die jungen Flüchtlinge in ihren Unterkünften, warten auf den Fortgang ihrer Verfahren und wären zum Nichtstun verdammt, wenn es nicht wenigstens diese eine Stunde Deutschunterricht am Tag in der Welt-Schule Borgfeld gäbe. Dafür nehmen die Jugendlichen zum Teil eine über einstündige Anreise mit der Straßenbahn auf sich. »Wir wollen lernen, lernen, lernen«, sagt einer der Jungs, und der einstündige Deutschkurs am Tag reicht ihnen dafür nicht aus. Zwei von ihnen haben sich deshalb hingesetzt, auf Dari, der in Afghanistan und Pakistan gesprochenen Variante des Persischen, diskutiert und erste Notizen gemacht, ihren Text ausgearbeitet und zuerst ins Englische und dann ins Deutsche übersetzt. Entstanden ist dabei ein bewegender Brief an die Bremer Politiker und an die deutsche Gesellschaft.

»Sehr geehrte Damen und Herren,
in jeder Gesellschaft basiert Fortschritt auf Wissen. Wissen ist nötig, um sich weiterzuentwickeln. Das war schon immer so. Zum Beispiel haben die Menschen den Mond, den Mars und andere Planeten entdeckt und sie haben Fahrzeuge entwickelt, die wir heute benutzen. Wie wir alle wissen, haben Menschen einst in Höhlen gelebt, aber nun haben sie die Möglichkeit, zum Mond zu reisen. All dies ist nur durch Bildung und Wissen möglich.

Alles, was wir sehen und benutzen, ist das Ergebnis von Wissen und dieses Wissen findet sich nur in der Schule. Schule ist heilig, denn sie ist die Stätte menschlichen Fortschritts. Fortschritt, den wir heutzutage überall spüren und der es sehr schwer macht, ohne Schule zu leben.

Es ist jedermanns Wunsch, eines Tages zur Schule zu gehen und dort etwas zu lernen, um sich weiterzuentwickeln. Aber für uns ist dies nur ein Traum und eine Hoffnung, die uns in den letzten sieben Monaten, die wir in Bremen sind, nicht erfüllt werden konnte.

Wir sind aus einer sehr schlimmen Situation geflohen, vor Krieg und Kriminalität, die wiederum aus Unwissenheit und mangelnder Bildung entstanden sind. Wir waren voller Hoffnung, dass wir hier in eine neue und sehr gebildete Welt kommen und hier einen Platz zum Lernen finden, wie die Schule. Aber in diesen sieben Monaten haben wir nichts bekommen, bis auf wenige Stunden Deutschunterricht pro Woche durch ehrenamtliche Lehrerinnen und Lehrer. Das ist nicht genug, um eine neue Sprache zu lernen. Denn eine neue Sprache zu lernen, ist sehr schwer. Und es braucht Schulen, um diese zu lehren.

Wir wollen etwas tun für diese Gesellschaft, die uns so sehr geholfen hat. Wir möchten nicht umsonst leben, wir möchten arbeiten. Vielleicht gibt es unter uns Flüchtlingen Tausende von zukünftigen Ärzten und Ingenieuren, doch wenn sie nicht zur Schule gehen dürfen, werden ihre Fähigkeiten nie entdeckt werden. In unserem Land wurden viele dieser Talente nicht entdeckt, stattdessen wurden viele von ihnen kriminell. Wir möchten das nicht. Wir wollen unsere Talente entdecken und diesem Land etwas zurückgeben.

Wir sind voller Hoffnung, dass die Regierung auf dieses Problem aufmerksam wird und uns einen Schulplatz gibt. Das ist unser größter Wunsch.

Wir sind wie Weizen. Wenn Sie uns auf der Erde ausstreuen, werden Sie davon etwas ernten könne. Jetzt sind wir eingeschlossen und niemand nutzt dieses Gut.

Vor tausend Jahren haben sich die Menschen so stark weiterentwickelt, dass wir die Ergebnisse noch heute spüren. Auch wir wollen es ihnen gleichtun und versuchen, sie zu übertreffen. Zeigen Sie uns einen Ort, an dem wir dies tun können?

Mit den besten Wünschen,
Mustafa Mosavy & Abbas Mirzaie«

»Als Mustafa und Abbas diesen Brief beim Runden Tisch vorgelesen haben, waren viele Beteiligte sehr bewegt«, erzählt Katharina Mild, welche die freiwilligen Deutschkurse für den Runden Tisch Borgfeld organisiert. Entstanden war die Idee zur Welt-Schule Borgfeld, als im Herbst 2015 erst 32 Jugendliche in einem Containerdorf und dann über den Winter 86 jugendliche Flüchtlinge in einer Turnhalle im Bremer Stadtteil Borgfeld untergebracht waren. Die meisten der jungen Männer, etwa zwei Drittel, kamen aus Afghanistan. Hatte es am Anfang in der Nachbarschaft noch Skepsis gegeben, als die Flüchtlingsunterkunft eröffnet wurde, gab es bei der Schließung der Aufnahmeeinrichtung in der Turnhalle nach einigen Monaten etliche Stimmen, welche die neuen Nachbarn gar nicht wieder gehen lassen wollten. Freiwillige Helfer engagierten sich für die Deutschkurse, und nach einem zusammen mit der Lokalzeitung ausgeschriebenen Wettbewerb entstand der klingende Schulname. Das Projekt lief einfach weiter, als die jungen Flüchtlinge längst auf andere Unterkünfte im ganzen Bremer Stadtgebiet verteilt worden waren. Doch wann sie endlich auf eine reguläre Schule gehen können, wann über ihre Asylanträge entschieden wird, wann sie vielleicht ihre Familien nachholen können – all das ist ungeklärt und damit auch ihre konkrete Perspektive in Deutschland. Integration wird auf diese Weise nicht gefördert, trotz des enormen Engagements der freiwilligen Helferinnen und Helfer.

Auch Katharina Mild hat an diesem Mittwoch schon zwei Kurse gegeben, und sie setzt dafür, wie auch ihre Kolleginnen, immer wieder eigenes Material ein: selbst erdacht, selbst organisiert und oft auch selbst bezahlt. Deutsch-Lehrbücher sind zwar vorhanden und werden über Spenden finanziert, aber darüber hinaus ist Improvisationstalent gefragt. »Ich habe kürzlich eine Uhr gebastelt, um die Vokabeln rund um die Uhrzeit üben zu können«, sagt Elke Stierle. Heute kommen ihre Vokabelkarten zum Einsatz: kleine Pappschilder, auf denen jeweils auf der Vorder- und Rückseite gegenteilige Begriffe stehen und mit kleinen Bildern illustriert werden. »Sauber« und »schmutzig«, »fröhlich« und »traurig«, »wenig« und »viel« – manche Wörter können die sieben jungen Flüchtlinge sofort benennen, bei anderen müssen sie überlegen.

So wie Omid, der nach dem Gegenteil von »voll« gefragt wird. »Das Glas ist voll«, murmelt er vor sich hin. »Das Glas ist… Keller?« Ähnliche Buchstaben, vom Klang her nicht allzu weit entfernt – aber die richtige Antwort, korrigiert Saeed, ist natürlich »leer«. »Voll und leer, voll und leer«, sagt Omid und notiert sich die Vokabel, während Sylke Lassmann erklärt, was es mit dem Keller auf sich hat. »Das sind schon tolle Jungs. Die haben eine ansteckende Fröhlichkeit«, sagt Katharina Mild.

Das zeigt sich auch bei der letzten Übung an diesem Nachmittag. Es geht um Steckbriefe, welche die Jugendlichen über sich selbst ausfüllen sollen. Ali hat sein Lehrbuch zuhause vergessen, und Sylke Lassmann leiht ihm deshalb ihr Exemplar. Auf einem Zettel notiert er seine Antworten. Die Kursteilnehmer sollen ihre Lieblingssportarten eintragen, welche Sprachen sie sprechen – die meisten schreiben: »ein bisschen Deutsch« – und natürlich ihren Namen. Als Ali seine Antworten vorlesen soll, schaut er kurz verschmitzt in die Runde, zeigt auf das Buch der Lehrerin und sagt dann: »Mein Name ist Sylke.« Und einmal mehr wird gelacht in der Welt-Schule Borgfeld.

Noch nicht im Fokus: Flüchtlinge in den Berufsschulen

Geflüchtete Kinder und Jugendliche landen überall im Bildungssystem – also auch in Ausbildungen und in der Berufsschule. Eine Chance, die noch zu selten ergriffen wird.

Vielversprechende Ideen: Integration durch Berufsbildung

Bisher noch zu wenig beachtet werden die Flüchtlinge, die vom Alter und möglicherweise auch von den persönlichen Voraussetzungen her nach ihrer Ankunft in Europa für den Besuch einer allgemeinbildenden Schule nicht mehr unbedingt in Frage kommen oder die möglicherweise gar nicht mehr der Schulpflicht unterliegen. Sie fallen bisher häufig durch das Raster, weil sie gewissermaßen unter dem Radar der bildungspolitischen Wahrnehmung abtauchen. Vor allem in der Debatte um die Rolle und die Zukunft der berufsbildenden Schulen wird jedoch seit geraumer Zeit ein verstärktes Augenmerk auf diese Gruppe junger Flüchtlinge gelegt (vgl. Blaß/Himmelrath 2016). So hat der deutsche Verein Innovative Berufsbildung e.V., der vom Bundesinstitut für Berufsbildung (BIBB) und dem W. Bertelsmann Verlag getragen wird, im Sommer 2016 seinen jährlichen Hermann-Schmidt-Preis unter das Motto »Integration von Geflüchteten durch berufliche Bildung« gestellt. Prämiert werden sollten damit gezielt Projekte und Initiativen, die innovative, beispielhafte und bewährte Modelle zur Integration entwickelt haben. Dabei gehen die Initiatoren davon aus, dass Menschen, die vor Krieg, Gewalt und Bedrohung geflohen sind, in einem ersten Schritt zunächst einmal substanzieller Schutz gewährt wird, dass es danach aber mindestens genauso wichtig ist, eine Bleibeperspektive mit wirksamer und nachhaltiger Integration in die Gesellschaft zu ermöglichen. »Hier sind insbesondere Bildung und Qualifizierung die entscheidenden Handlungsfelder«, heißt es in der Wettbewerbsausschreibung, »gerade die berufliche Aus- und Weiterbildung mit ihrem praxisorientierten Ansatz kann hier einen herausragenden Beitrag leisten.« Die Berufsschulen seien dabei Teil eines Netzwerks, das eine optimale Lernumgebung für junge Geflüchtete anbiete.

Tatsächlich gehört der Umgang mit Diversität in der Schülerschaft an berufsbildenden Schulen schon seit langem zum Alltag. Wie andere Schulformen erst in den vergangenen Jahren das Schlagwort vom Diversity Management entdeckt haben, arbeiten Berufsschulen zum Teil schon seit Jahrzehnten mit Lernenden, die sich im Hinblick auf persönliche Qualifikationsziele, Erfolgsorientierung, Lernengagement und Herkunft stark unterscheiden. Die individualisierte Ansprache der Schülerinnen und Schüler und eine entsprechende Aufbereitung des Unterrichtsstoffs ist für die meisten Berufsschullehrkräfte kein Neuland mehr. Umso erstaunlicher ist es daher, dass die berufsbildenden Schulen bei der Frage nach einer Integration der zugewanderten Schülerinnen und Schüler ins Bildungssystem bisher nur eine untergeordnete Rolle spielen.

Der Fokus liegt eher auf einer anderen Gruppe: Von geschätzt 1,1 Millionen Flüchtlingen, die 2015 nach Deutschland kamen, sind nach Schätzungen des deutschen
Forschungsinstituts für Bildungs- und Sozialökonomie (FiBS) 10 bis 15 Prozent studi-
enberechtigt – das wären zwischen 110 000 und 165 000 junge Menschen. Die
Friedrich-Ebert-Stiftung schätzt den Anteil potenzieller Studierender unter den 2015
neu uns Land gekommenen Menschen dagegen nur auf 50 000 – so oder so handelt
es sich um eine Gruppe, die zwar für die Hochschulen interessant ist, im regulären
Schulbildungssystem aber nicht mehr berücksichtigt werden muss. Einigkeit herrscht
dagegen bei der Feststellung, dass mit geschätzt 220 000 Menschen die Gruppe der
18- bis 24-Jährigen die zahlenmäßig größte Kohorte unter den Flüchtlingen stellt.
Vermutlich können die meisten von ihnen ihren Bildungsweg und etwaige Ausbildungen oder Schulbesuche kaum nachweisen, so dass auch nicht überprüft werden kann,
ob die mitgebrachten Qualifikationen beispielsweise einem Haupt- oder Realschulabschluss entsprechen. Um einen Schulabschluss zu bekommen und danach eine Berufsausbildung oder eben auch ein Studium zu beginnen, müssten viele dieser jungen
Erwachsenen erneut zur Schule gehen oder zumindest an Fördermaßnahmen von
berufsbildenden Schulen wie etwa Kursen zur Berufsvorbereitung oder zur Erlangung
der Ausbildungsreife teilnehmen – und das, obwohl es für Volljährige keine Schulpflicht gibt und sie damit auch keinen Rechtsanspruch auf einen Platz in der Berufsschule haben. Einige berufsbildende Schulen haben dieses Problem erkannt und
bieten besondere Einstiegsmöglichkeiten für die Zuwanderer an – so wie beispielsweise die Fach- und Berufsoberschule Würzburg. Und sie beschränkt sich dabei nicht
auf Kandidatinnen und Kandidaten für eine reine Berufsausbildung, sondern will
gezielt auch Flüchtlinge erreichen, die später – vielleicht – für ein Studium in Frage
kommen.

An der staatlichen Fachoberschule/Berufsschule Würzburg bereiten sich jugendliche Flüchtlinge auf das Abitur vor. Susanne Kraus-Lindner leitet diese Schule.

»Die Idee kam vor ein paar Monaten vom Kultusministerium in München: Ob wir uns vorstellen könnten, eine Klasse für Schüler aufzumachen, die schon gute Schulkenntnisse aus dem Heimatland mitbringen und hier mit ambitionierten Zielen ins Bildungssystem einsteigen wollten – also Schüler, die in ihrem Herkunftsland schon kurz vor dem Abitur standen, die aber nur eingeschränkte Deutschkenntnisse mitbringen. Sie sollten ein Jahr in eine Vorklasse gehen und dann in den normalen Unterricht integriert werden.

Bei uns an der staatlichen Fach- und Berufsoberschule Würzburg (FOS/BOS) führen wir geeignete Schüler bis zum Abitur, und wir fanden die Idee, das auch mit Flüchtlingskindern zu versuchen, von Anfang an spannend. Es war allerdings ein mühsamer Prozess, diese Schülerinnen und Schüler zu finden: Man muss ja die Potenziale und Kompetenzen identifizieren, und das ist nicht immer ganz einfach. Denn die meisten Flüchtlinge kommen ohne Zeugnisse oder andere Papiere, die ihre bisherige Schullaufbahn belegen könnten. Wie findet man da die Schnelllerner, die wir ja gezielt aussuchen wollten? Bei *einigen war es leichter, die brachten beispielsweise Schulzeugnisse aus dem Iran mit, und da war die Einstufung durch die Anerkennungsstelle beim Ministerium kein Problem.*

Wir haben dann festgelegt, dass die Schüler der neuen Vorklasse deutsche Sprachkenntnisse auf dem Kompetenzniveau A2 mitbringen müssen und allgemeine Kenntnisse auf dem Niveau des mittleren Bildungsabschlusses – sonst wäre die Differenz zum angestrebten Ziel, dem Abitur, zu groß. Und wegen der in den meisten Fällen fehlenden Papiere haben wir einen Eingangstest für alle Bewerber durchgeführt.

Acht Schüler hätten wir zum Start der Vorklasse mindestens gebraucht. Aber das Interesse war viel, viel größer: 40 junge Flüchtlinge hatten sich im Vorfeld angemeldet, 20 von ihnen haben wir schließlich für die Vorklasse ausgesucht. Die Vorstellungsgespräche habe ich alle selbst mitgemacht, und das war unglaublich interessant, weil man dabei total viel über die Menschen, ihre Vorgeschichte und ihre Motivation erfährt. Das Verfahren war natürlich sehr zeitaufwändig, aber ich denke, dass sich dieser Aufwand gelohnt hat. Seit Anfang Februar läuft die Vorklasse jetzt, und im Wesentlichen geht es erst einmal darum, Deutsch zu lernen. Zehn Stunden pro Woche, mehr als ein Viertel des Unterrichts, haben wir für Deutsch als Zweitsprache reserviert; der Rest verteilt sich auf noch einmal fünf weitere, reguläre Deutschstunden, dazu Englisch, Mathe, Wirtschaft, Sport und die anderen Fächer. Später kommt auch noch ein kleines Praktikum dazu. Das ist schon ein volles Programm, insgesamt sind die Schüler 36 Stunden pro Woche in der Schule. Da geht es wirklich ums Lernen von früh bis spät – und zwar in erster Linie Deutsch.

Was schon nach kurzer Zeit deutlich wurde: Alle Teilnehmer in diesem Programm sind ungeheuer motiviert. Wir richten uns mit diesem Angebot ja gezielt an Ältere, an Schüler zwischen 17 und 27 Jahren, die sonst häufig aus der Schulpflicht in Deutschland herausfallen würden. Da sind einige dabei, die in ihrem Heimatland schon die 11. Klasse besucht haben und jetzt voller Idealismus am liebsten sofort Abitur machen würden – aber so schnell geht das natürlich nicht, sie brauchen erst einmal Geduld. Da sind die normalen sprachlichen Hürden, da gibt es aber auch Schwierigkeiten bei den Fachsprachen, zum Beispiel in Chemie oder Physik, wo man eben deutlich mehr kennen muss als die alltagssprachlichen Begriffe. Und bei manchen kommen auch noch persönliche Belastungen dazu: Das Lernen in den Gemeinschaftsunterkünften, in denen die Schüler zum Teil untergebracht sind, ist manchmal schwierig, und einige haben auch traumatische Erfahrungen hinter sich und zum Teil sogar Angehörige auf der Flucht verloren. Umso eindrücklicher ist es für mich, zu sehen, mit wie viel Lust aufs Lernen die Schüler bei der Sache sind.

Und noch ein zweiter Aspekt beeindruckt mich sehr: der ungeheure Idealismus und das Engagement, das die Kolleginnen und Kollegen an den Tag legen, die bei diesem Pilotprojekt mitmachen. Es gab für uns ja keine fertigen Konzepte oder irgendwelche Vorbilder, auf die wir uns berufen konnten. Wir konnten nur ganz offen und mit viel Flexibilität an diese Aufgabe herangehen und haben das Angebot der Vorklasse in kürzester Zeit erdacht und dann auch gewagt – und das wäre ohne ein grandioses Kollegium und ohne Unterstützung von außen gar nicht möglich gewesen. Weil es so eine Vorklasse für geflüchtete Schnelllerner noch nie gab, gibt es auch kein Curriculum und keinen fixen Lehrplan. Stattdessen halten wir viele pädagogische Konferenzen ab und überlegen gewissermaßen jede Woche aufs Neue, wie wir im Stoff weiter vorgehen. Und wir versuchen, durch ein Patensystem eine möglichst enge und persönliche Betreuung für jeden einzelnen Schüler sicherzustellen. Denn natürlich gibt es immer wieder auch mal Schwierigkeiten, für die wir dann flexible und individuelle Lösungen finden müssen.

Insgesamt ist das, man kann das nicht anders sagen, wirklich ein aufregendes Halbjahr und ein aufregendes Modellprojekt für unsere Schule, bei dem uns das Land, die Stadt Würzburg und der Landkreis Kitzingen genauso unterstützen wie die anderen Schulen im Umfeld, vor allem die Gymnasien. Wir haben zusätzliche Stunden zugeteilt bekommen, eine Lehrerin mit der Qualifikation ›Deutsch als Zweitsprache‹ gefunden und unsere Sozialpädagogin eingebunden. Es ist grandios und begeisternd, wie gut das geklappt hat. Und alles mit dem Ziel, in ein paar Jahren möglichst vielen dieser jungen Menschen ein Abiturzeugnis überreichen zu können und ihnen damit den Weg in eine richtig gute Zukunft zu eröffnen.

Sie merken schon, dass ich trotz der enormen Herausforderungen ziemlich begeistert bin von diesem spannenden Projekt – auch wenn wir überhaupt nicht wissen, wie sich das entwickeln wird. Der Start und der bisherige Verlauf machen uns allen aber viel Mut, dass dieser Weg zur Integration gelingt. Und Spaß macht das Ganze auch noch!«

Nach Berechnungen der Bildungsökonomen des Münchner ifo Instituts im Auftrag des WDR-Magazins Monitor würde die Versorgung der rund 220 000 Flüchtlinge zwischen 18 und 24 Jahren mit Berufsschulplätzen jährlich rund 1,6 Milliarden Euro kosten. Das entspräche etwa 7000 Euro pro Person für die schulische Integration. Zum Vergleich: 2012 wendeten die Länder insgesamt 3,5 Milliarden Euro für Berufsschulen und die Vorbereitungsjahre auf.

Zu den wenigen Berufsschulen in Deutschland, die auch volljährigen (und damit offiziell nicht mehr schulpflichtigen) Flüchtlingen einen Schulplatz anbieten, gehört das Franz-Jürgens-Berufskolleg in Düsseldorf (vgl. Hering 2016). 2010 entstand hier die erste internationale Förderklasse, mittlerweile gibt es sechs solcher Klassen mit insgesamt deutlich über 100 Schülerinnen und Schülern. Die Nachfrage nach diesem Angebot, das sich an Flüchtlinge ab 16 Jahren richtet, ist riesig: »Oft stehen Flüchtlinge vor unserer Tür und wollen am Unterricht teilnehmen. Wir müssen sie dann in der Regel abweisen, weil wir nichts mehr frei haben«, sagt Ariane Heimig, Koordinatorin der Migrantenklassen. Sie selbst bildete sich, die Flüchtlingskrise vor Augen, in Eigeninitiative und auf eigene Kosten im Bereich »Deutsch als Fremdsprache« weiter. Nach zwei Jahren und den entsprechenden Schulleistungen erhalten die Lernenden – auch, wenn sie bereits volljährig sind – einen Hauptschulabschluss. »Ohne Abschluss können die Flüchtlinge keine Ausbildung beginnen. Dann werden sie immer nur Hilfsjobs annehmen und kein gesichertes Arbeitsleben führen können«, sagt Heimig. Die Investition in Bildung sei das Beste, was man tun könne, bestätigt auch Manfred Uchtmann-Göttinger, Schulleiter am Franz-Jörgens-Berufskolleg. »Selbst wenn sie wieder in ihr Heimatland zurückkehren, haben sie hier gelernt, selbstständig zu arbeiten, sich zu integrieren und haben eine neue Sprache im Gepäck. Dann hat es sich schon gelohnt.« Für die Lehrkräfte ist das, nicht nur am Düsseldorfer Berufskolleg, eine riesige Herausforderung. Manche der jungen Erwachsenen haben in ihrer Heimat noch nie eine Schule besucht und können manchmal noch nicht einmal richtig lesen und schreiben, andere kommen mit Kenntnissen auf hohem Niveau in die Berufsschule. Für den Schulleiter ist dabei die Sprachvermittlung die erste und wichtigste Aufgabe, und tatsächlich können die meisten nach einem halben Jahr so viel Deutsch, dass sie frei reden und sich gut verständigen können. »Das Spielerische und der Bewegungsaspekt sind enorm wichtig bei der Vermittlung, Visualisierung von Lernstoff ist ein wichtiger Bestandteil unserer Arbeit«, sagt Berufskolleg-Lehrerin Nadine Löppenberg im Gespräch mit der Neuen Deutschen Schule (Hering 2016). Das Problem: Sprachlich und vom Vokabular bewegen sich die Flüchtlinge oft auf dem Niveau kleiner

Kinder, als 16-Jährige und noch ältere Jugendliche interessieren sie sich aber eher für erwachsene Themen. Das sei ein Spagat, sagt Nadine Löppenberg. Ihr Lösungsansatz: Sie hat sich viel von ihrem Unterrichtsmaterial selbst gebastelt und zusammengestellt, weil es kaum entsprechende Angebote gibt. Laminierte Wortkarten, Memory und andere Spiele, selbst erstellte Arbeitsblätter bilden den Mittelpunkt ihrer Schulstunden. Solche Probleme lassen sich mit Ideenreichtum und Engagement lösen, für die Rahmenbedingungen – etwa die räumliche Ausstattung, den Stellenplan und die Weiterbildungsangebote – sind aber andere zuständig, macht der Schulleiter klar: »Perspektiven kann nur die Politik entwickeln, wir machen die Umsetzung.«

Ganz ähnlich argumentiert auch Dorothea Schäfer von der GEW: »Geld ist in unserer Gesellschaft genug da, und alle Kinder haben rein Recht auf Förderung.« Doch diese gute Förderung könne nur gelingen, so die Lehrervertreterin, wenn die Pädagogen in den Schulen entsprechend aus- und weitergebildet werden und die entsprechenden Rahmenbedingungen vorfinden: »Die Gruppen in den eingerichteten Vorbereitungsklassen sind zu groß und die direkte Aufnahme in die Regelklassen überfordert die nicht vorbereiteten Lehrkräfte. Es fehlt an Räumen und an geeignetem Unterrichtsmaterial. Es fehlen Plätze an Ganztagsschulen oder im offenen Ganztag der Grundschulen. Es fehlen Fortbildungen innerhalb der Arbeitszeit« (vgl. Schäfer 2016). Die Gewerkschafterin fordert deshalb,

→ dass keine Vorbereitungsklasse mehr als zwölf Schüler umfassen darf,

→ dass jede dieser Klassen mit einer Vollzeit-Planstelle ausgestattet wird,

→ dass es eine Schulbauinitiative mit zusätzlichen Mitteln für weitere Schulräume und Gebäude gibt, die von Bund und Ländern gemeinsam finanziert wird,

→ dass die Schulen zusätzliches Unterrichtsmaterial speziell für den Unterricht mit geflüchteten Kindern und Jugendlichen erhalten

→ und dass es Fortbildungsangebote gibt, die auf die Arbeitszeit der Lehrerinnen und Lehrer angerechnet werden.

Zusätzlich zur Eigeninitiative der berufsbildenden Schulen sorgt unterdessen noch ein zweiter Faktor dafür, dass der Bildungsweg für junge Flüchtlinge über die Berufsschulen immer häufiger diskutiert und auch eingeschlagen wird: das Interesse der Unternehmen an potenziellen Auszubildenden. So engagiert sich beispielsweise die Handwerkskammer München und Oberbayern mit einer ganzen Reihe von Aktivitäten für die Integration junger Flüchtlinge ins Bildungssystem. Mithilfe von sogenannten Ausbildungsakquisiteuren bereitet sie die Jugendlichen und jungen Erwachsenen gezielt auf die deutsche Arbeitswelt und das duale Ausbildungssystem mit seinem wichtigen schulischen Anteil vor. »Es ist egal, wo jemand herkommt, ich will wissen, wo er hinwill«, sagt Christoph Karmann, einer der Münchner Ausbildungsakquisiteure, »alle sind wichtig für unser berufliches System: Einheimische, EU-Zuwanderer und auch Flüchtlinge.« Über Bildung und Selbstverwirklichung gelinge die Integration am einfachsten, sagt Karmann, und für die Handwerksbetriebe seien diese Menschen eine willkommene und dringend benötigte Verstärkung: »Mit einer guten Ausbildung hat jeder mittel- und langfristig die Chance, in seinem Umfeld seinen Beitrag zu leisten.« Deshalb sei es entscheidend, zukünftig junge Menschen mit Migrationshintergrund noch viel stärker als bisher für die handwerkliche Ausbildung zu gewinnen und zu begeistern.

Neben Christoph Karmann beschäftigt die Handwerkskammer München und Oberbayern noch einen zweiten Ausbildungsakquisiteur, um die Begeisterung für einen beruflichen Weg im handwerklichen Bereich bei möglichst vielen potenziellen Interessenten und auch bei neuen Zielgruppen wie den Flüchtlingen zu wecken. Gefördert werden die Ausbildungswerber vom Bayerischen Staatsministerium für Arbeit und Integration. Ihre Aufgaben:

→ Sie sollen die Karrierechancen aufzeigen, die in den mehr als 130 Ausbildungsberufen im Handwerk möglich sind.

→ Sie loten berufliche Potenziale bei Interessentinnen und Interessenten aus und helfen bei der Suche nach Praktikums- und Ausbildungsplätzen.

→ Sie begleiten Jugendliche durch die Ausbildung.

→ Sie werben nicht nur bei den Jugendlichen, sondern auch bei Betrieben – und überzeugen Unternehmer vom Sinn einer Ausbildung gerade für Jugendliche mit Migrationshintergrund und Flüchtlinge.

»Wir müssen den Menschen, die neu zu uns kommen, die Grundsatzfragen der Berufs-bildung beantworten: Wozu ist eine Ausbildung gut? Warum dauert sie drei Jahre? Was nützt mir ein Gesellenbrief?«, sagt Christoph Karmann. Viele Flüchtlinge hätten andere Erwartungen: »Hier gibt es keine Ausbildung im Schnelldurchlauf und nicht sofort das große Geld. Das schafft Frustration, weil sich viele Deutschland anders vorstellen. Hinzu kommt Frustration durch ein Informationsdefizit. Welcher Flüchtling weiß schon, was ein Berufsorientierungsjahr ist?« Und warum er noch einmal in die Schule gehen soll, obwohl er vielleicht davon träumt, sofort zu arbeiten und Geld zu verdienen? Hinzu kommt für die Ausbildungsakquisiteure auch die Beratung im Hinblick auf die rechtlichen Rahmen-bedingungen der Ausbildungsverträge. Da gibt es nicht nur bei den Flüchtlingen, sondern auch bei vielen Unternehmen Wissenslücken und Unsicherheiten. So kann zwar grund-sätzlich jeder eine Ausbildung in Deutschland beginnen, doch für asylsuchende und geduldete Ausländerinnen und Ausländer gilt seit November 2014 eine bundesweite, einheitliche Wartefrist. Sie beträgt drei Monate ab Asylantragstellung im Bundesgebiet. Für geduldete Ausländerinnen und Ausländer gilt dagegen keine Wartefrist, wenn sie sich für eine Berufsausbildung entscheiden (vgl. Broschüre *Ausbildung entscheiden* 2015).

Der Berliner Bildungsökonom Dieter Dohmen warnt jedoch davor, die zugewanderten Kinder und Jugendlichen ausschließlich als potenzielle Reserve für den schwächelnden Ausbildungsmarkt zu behandeln. »Nach meiner Einschätzung braucht Deutschland eine grundlegende Höherqualifizierung. Wir brauchen mehr Akademiker, wir brauchen mehr beruflich Qualifizierte«, sagt Dohmen. Die Alternative sei deshalb nicht, den Trend zur Akademisierung und die duale berufliche Ausbildung mit Berufsschulbesuch gegeneinander aufzurechnen oder gar auszuspielen, sondern beide Bereiche zu stär-ken – und den Flüchtlingskindern deshalb auch beide Optionen zu eröffnen und sogar noch zusätzliche Zielgruppen in den Blick zu nehmen. Dohmen: »Das setzt voraus, dass wir alle Menschen, die nicht rechnen, schreiben und lesen können, so weit qua-lifizieren, dass sie eine Berufsausbildung oder sogar ein Studium beginnen können.«

Die Maßnahmen von Bund und Ländern

Die Forderungen an die Politik sind klar: Es braucht mehr Geld und mehr Personal, um der Zuwanderung gewachsen zu sein. Oft es ein weiter Weg von Handlungsempfehlungen zu realistischen Maßnahmen.

Ratschläge an die politischen Weichensteller

»Flüchtlinge wirken wie ein Katalysator. Sie bringen die Probleme im Bildungssystem zum Vorschein«, sagt Matthias Anbuhl, Leiter des Bereichs Bildung im DGB-Bundesvorstand (Podium der Körber-Stiftung 2015). 1,3 Millionen Jugendliche seien hierzulande schon jetzt ohne Berufsabschluss, jedes Jahr gebe es wieder rund 50 000 Lernende, welche die Schule abbrechen. Diese Schwachstellen, die im Bildungssystem ohnehin schon bestehen, werden laut Anbuhl durch den Zuzug der Flüchtlinge deutlich. Es ist also Zeit zum Handeln und es bedarf eines noch größeren Engagements, Schülerinnen und Schüler am Abbruch zu hindern und sich denjenigen ohne Abschluss zu widmen.

Die Bildungsgewerkschaft GEW und die Kultusministerkonferenz gehen davon aus, dass allein 2015 rund 300 000 schulpflichtige Flüchtlinge nach Deutschland gekommen sind (Menkens 2015). Zur Einordnung: 2015 wurden rund elf Millionen Schülerinnen und Schüler insgesamt an allgemeinbildenden und beruflichen Schulen in Deutschland ausgebildet (Statistisches Bundesamt 2015). Wer nur die Zahlen – vor allem in Kombination mit dem demografischen Wandel – betrachtet, könnte meinen, dass die zusätzlichen Schülerinnen und Schüler kein Problem darstellen sollten: Für Niedersachsen zum Beispiel kommen laut einer Schätzung der Kultusministerin Frauke Heiligenstadt 2016 zwar rund 20 000 zugewanderte Schüler hinzu – allerdings vermuten Prognosen laut Heiligenstadt wegen des demografischen Wandels gleichzeitig 18 000 Schüler weniger im Vergleich zu den Schuljahren 2014/2015 und 2015/2016 (Podium der Körber-Stiftung 2015). Also alles kein Problem? Weit gefehlt, denn der Deutsche Lehrerverband kritisiert: »Auch wenn die Zahl der betroffenen Heranwachsenden nicht exakt bezifferbar ist, stellt sie doch mit geschätzt 200 000 bis 300 000 quantitativ eine große Herausforderung für die allgemeinbildenden und berufsbildenden Schulen insbesondere in Ballungsregionen dar. Die Zahl [...] kann nicht dadurch kleingeredet werden, dass es sich dabei ›nur‹ um zwei bis drei Prozent aller Schüler in Deutschland handle« (Deutscher Lehrerverband 2015).

Der Deutsche Lehrerverband formuliert in einem Thesenpapier seine Befürchtungen, sollten Bund, Länder und Kommunen nicht flexibel auf die Zuwanderung reagieren. Der Verband formulierte u. a. folgende, in ihrer Umsetzbarkeit durchaus diskutable Ratschläge in Richtung der politischen Weichensteller (entnommen aus: Deutscher Lehrerverband 2015):

→ »Die besondere Herausforderung besteht darin, dass es sich hier hinsichtlich kultureller, religiöser und geographischer Herkunft um sehr heterogene Schülergruppen handelt, die zu erheblichen Teilen noch kaum alphabetisiert sind bzw. nur eine geringe schulische Vorbildung haben, kaum Deutsch sprechen und vielfach traumatisiert sind. Vor diesem Hintergrund ist eine unmittelbare Integration dieser Kinder, Jugendlichen und jungen Erwachsenen in das Regelsystem nur in wenigen Ausnahmefällen möglich. Der größte Teil braucht vor der Integration in Regelklassen eine zielgruppenspezifische Einführung. Erste Erfahrungen zeigen, dass eine halb- bis zweijährige Vorbereitungszeit angemessen ist.«

→ »Das A und O der späteren Integration ins Regelsystem sind das wenigstens rudimentäre Beherrschen der deutschen Sprache sowie Basiskenntnisse über deutsches und europäisches Recht, deutsche und europäische Geschichte, deutsche und europäische Geographie sowie deutsche und europäische Kultur.«

→ »Der Erwerb der deutschen Sprache setzt in der Regel einen mindestens 800 Stunden umfassenden Unterricht in Deutsch als Zweitsprache voraus. Dieser Unterricht sollte in überschaubaren eigenen Gruppen über ein Jahr hinweg stattfinden und von Lehrern mit entsprechender Qualifikation gestaltet werden.«

→ »Um entsprechende Lehrkräfte verfügbar zu haben, sollten die zurzeit ausreichend am Markt verfügbaren jungen Lehrkräfte mit Fakultas Deutsch für eine Fortbildung in der Didaktik und Methodik des Faches Deutsch als Zweitsprache gewonnen werden. Diesen jungen Lehrkräften sollten Jahresverträge angeboten und für spätere Bewerbungen um Planstellen ggf. Boni eingeräumt werden. Die dafür notwenigen Mittel können durch Nachtragshaushalte zur Verfügung gestellt werden. Ohne dass dadurch der Bildungsföderalismus in Frage gestellt wird, ist hier auch eine finanzielle Beteiligung des Bundes erforderlich, weil es sich bei der Integration der Flüchtlinge um eine gesamtstaatliche Aufgabe handelt. Notwendig sind ferner Dolmetscher, Sozialpädagogen und Psychotherapeuten.«

→ »Die Integration junger Flüchtlinge ins Schul- und Bildungswesen kann nur gelingen, wenn diese Heranwachsenden gleichmäßig über alle Regionen verteilt werden. Eine Bündelung größerer Gruppen in einzelnen Schulen gefährdet die Integration.«

→ »Die Integration ins Regelschulwesen setzt voraus, dass jeder heranwachsende Flüchtling die zu ihm passende Schulform bzw. den zu ihm passenden Ausbildungsweg findet. Um diese Passung zu erreichen, bedarf es individueller Potenzialanalysen, die von Schulberatern, Schulpsychologen und Berufsberatern erstellt werden. Die erfolgreiche Integration der heranwachsenden Flüchtlinge in das Berufsbildungssystem erfordert zudem eine Begleitung durch multiprofessionelle Teams bis zum Eintritt in den Beruf. Dabei sind die heranwachsenden Flüchtlinge durch Integrationscoaches, assistierte Praktika und eine zielgruppenadäquate Berufsorientierung zu unterstützen.«

→ »Eine zum Zwecke rascherer Integration verschiedentlich diskutierte vorübergehende Absenkung schulischer Ansprüche ist nicht zielführend: Damit würden sowohl für die Stammschüler wie auch für die heranwachsenden Flüchtlinge die späteren Chancen zur Vermittlung in weiterführende Bildungseinrichtungen geschmälert.«

Das Bildungssystem, wie es bisher bestand, muss sich also verändern und an die heterogener werdende Schülerschaft anpassen, denn fest steht, dass den allgemeinbildenden und berufsbildenden Schulen eine Schlüsselrolle in der Integration zufällt. Einige Maßnahmen wurden im Detail bereits beschlossen.

Die Maßnahmen der Bundesregierung

Das Bundesbildungsministerium wird in den kommenden zwei Jahren 130 Millionen Euro zusätzlich in Maßnahmen für Zuwanderer investieren. Damit soll in erster Linie der Erwerb der deutschen Sprache, das Erkennen von Kompetenzen und Potenzialen von Flüchtlingen und die Integration in Ausbildung und Beruf finanziert werden (Bundesministerium für Bildung und Forschung 2015).

Im Detail fördert das Bundesbildungsministerium drei Projekte zum Thema Spracherwerb:

→ App Einstieg Deutsch: Die Smartphone-App ist eine Soforthilfe, die in alltagsnahen Lektionen einen Grundwortschatz und sprachliche Wendungen vermittelt. Die App ist in neun Sprachen erhältlich, darunter die Sprachen der wichtigsten Herkunftsländer der Zuwanderer wie Arabisch, Dari oder Farsi. Sie entstand in Zusammenarbeit mit dem Deutschen Volkshochschulverband.

→ Qualifikation von Lernbegleitern: Wegen des Mangels an hauptamtlichen Lehrkräften werden Ehrenamtliche, vor allem auch Zugewanderte mit ausreichenden
Sprachkenntnissen, zu Lernbegleitern ausgebildet. In Zusammenarbeit mit Lernbegleitern und Lehrkräften sollen Flüchtlinge die Möglichkeit erhalten, rasch
Grundlagen in Sprachverstehen und Sprechfähigkeit zu erwerben. Kooperationspartner ist auch hier der Deutsche Volkshochschulverband.

→ Lesestart: Mit dem Programm Lesestart für Flüchtlingskinder bekommen zuge-
wanderte Kinder bis zum Alter von fünf Jahren in Erstaufnahmeeinrichtungen ein
Lesestart-Set, das zum Vorlesen und Lesen motivieren soll. Außerdem wird in allen
Erstaufnahmeeinrichtungen eine Lese- und Medienbox für die pädagogische
Arbeit mit den Kindern vor Ort zur Verfügung gestellt. Zudem können die Einrich-
tungen mit Vorlesepaten und anderen Freiwilligen zusammenarbeiten. Diese
Ehrenamtlichen können professionelle Unterstützung erhalten, um sich auf die
Arbeit mit Flüchtlingskindern vorzubereiten. Auch von dem bereits laufenden Pro-
gramm »Lesestart – Drei Meilensteine für das Lesen« profitieren Flüchtlingskinder.
Das Programm beinhaltet in Sets für Einjährige, für Dreijährige und ab dem Schul-
jahr 2016/2017 auch für Erstklässler ein altersgerechtes Kinderbuch sowie einen
Ratgeber mit Tipps und Informationen zum Vorlesen und Erzählen im Familienall-
tag. Kooperationspartner ist die Stiftung Lesen.

Die Anerkennung von Berufsqualifikationen, die Flüchtlinge bereits erworben haben,
ermöglicht eine schnelle Integration in den Arbeitsmarkt. Viele Zugewanderte können
jedoch wegen Krieg und Flucht die notwendigen Unterlagen nicht mehr vorlegen. Das
Anerkennungsgesetz bietet die Möglichkeit, in solchen Fällen zum Beispiel durch
Fachgespräche und Arbeitsproben die vorhandenen Kompetenzen festzustellen.

Die Fördermaßnahmen zur Kompetenzermittlung sind folgende:

→ Das Bundesbildungsministerium will die Qualifikationsanalysen zusammen mit
den Kammern im Projekt »Prototyping Transfer« weiterentwickeln und bundesweit
bekannter machen. Kooperationspartner sind die Handwerks- sowie Industrie- und
Handelskammern.

→ Jugendliche sollen bei der Wahl einer Ausbildung durch sogenannte Potenzialanalysen unterstützt werden. Sie helfen dabei, die Interessen, Möglichkeiten und Fähigkeiten jedes einzelnen Jugendlichen einzuschätzen. Kooperationspartner sind die Länder, das Bundesinstitut für Berufsbildung, die Bundesagentur für Arbeit und die Wirtschaft.

Die Fördermaßnahmen in der Zusammenarbeit mit den Kommunen sind folgende:

→ Das Bundesbildungsministerium finanziert kommunale Koordinatoren, welche die Kompetenzermittlung unterstützen. Voraussetzung ist dafür, dass diese Koordinierungsstelle in ein breiteres Verständnis von Bildungsmanagement vor Ort eingebunden wird. Zugleich werden die Kommunen durch die Transferinitiative Kommunales Bildungsmanagement unterstützt, um erfolgreiche Modelle rasch in die Breite zu tragen. Kooperationspartner sind die Kommunen, Transferagenturen und Stiftungen. Somit soll Bildung über alle Lebensphasen hinweg in den Mittelpunkt gerückt, es sollen mit vielen Akteuren gemeinsam vor Ort neue Prozesse angestoßen werden.

→ Mit den lokalen Bündnissen für Bildung im Programm »Kultur macht stark« werden derzeit 300 000 Kinder und Jugendliche erreicht. Die Programmpartner können zusätzliche Angebote für junge Flüchtlinge zur Verfügung stellen. In den Bildungsbündnissen sollen Sprach- und Kulturtechniken vermittelt werden, die bei der Integration helfen und einen wesentlichen Beitrag zur Schaffung einer Integrationskultur leisten.

Die Maßnahmen der Länder am Beispiel Nordrhein-Westfalens

Im föderal organisierten deutschen Bildungssystem obliegt den Ländern die Gestaltungshoheit. Der Bund nimmt nur geringfügig bis gar keinen Einfluss, Bildung ist Kernkompetenz der Länder. Wenn es um mögliche Maßnahmen für die Integration schulpflichtiger Flüchtlinge geht, erfordert dies einen tiefen Einblick in die Pläne der Kultusministerien aller 16 Bundesländer. Im Folgenden soll beispielhaft der Maßnahmenkatalog des größten deutschen Bundeslands, Nordrhein-Westfalen (NRW), erläutert werden. Laut Königsteiner Schlüssel (ein Instrument, mit dem festgelegt wird, wie viele Asylsuchende jedes Bundesland aufnehmen muss) hat NRW mit rund 21,2 Prozent die höchste Verteilerquote in der Erstaufnahme der Flüchtlinge. Für 2015 rechnete Schulministerin Sylvia Löhrmann mit 40 000 schulpflichtigen Flüchtlingskindern (Goebels 2015). Wenn also Integration durch Bildung gelingen muss, dann in NRW.

Im Folgenden soll überblickshaft auf die Maßnahmen des Ministeriums für Schule und Weiterbildung des Landes Nordrhein-Westfalen für zugewanderte Kinder und Jugendliche eingegangen werden (vgl. hier und im Folgenden: Ministerium für Schule und Weiterbildung des Landes Nordrhein-Westfalen 2016):

Neue Stellen

NRW schafft 2015 und 2016 insgesamt 5766 zusätzliche Stellen für die Beschulung von zugewanderten Schülerinnen und Schülern: 4124 Stellen davon sollen den erhöhten Grundbedarf decken, diese »kommen allen Schülerinnen und Schülern zugute, da diese Lehrkräfte für die allgemeinen Klassen vorgesehen sind«. Außerdem werden 1200 zusätzliche Integrationsstellen für die Sprachförderung im gesamten Land eingerichtet. Die Integrationsstellen sind für Lehrerinnen und Lehrer mit Kenntnissen im Bereich »Deutsch als Zweitsprache« vorgesehen. Ziel ist es laut Ministerium, dass die Kinder und Jugendlichen in kleinen Gruppen unterrichtet werden können. Insgesamt gibt es dann in NRW 4728 Integrationsstellen. 255 Stellen werden für die Offene Ganztagsschule (OGS) eingesetzt. Damit stehen in der OGS NRW 2016 insgesamt 17 500 Plätze (von insgesamt 305 100 Plätzen) für Flüchtlingskinder zur Verfügung. Weitere Stellen sind für Kommunale Integrationszentren, multiprofessionelle Teams, Schulpsychologen, Fachberater bei der unteren und oberen Schulaufsicht und Moderatoren für die Lehrerfortbildung vorgesehen.

Mehr Geld

Das Ministerium stellt nach eigener Aussage 19,2 Millionen Euro an Sachmitteln für die OGS bereit. Zwei Millionen Euro soll es für zusätzliche Angebote zur Deutschförderung für neu zugewanderte Jugendliche ab 16 Jahren zur Anschaffung von Weiterbildungsmitteln geben, das sind 1,5 Millionen Euro mehr als 2015. In die Fortbildung für Lehrerinnen und Lehrer soll eine Million Euro investiert werden und eine weitere Million Euro soll für Aushilfen im Bereich »Integration durch Bildung« bereitgestellt werden, um auch die Schulen zu unterstützen, die nur vereinzelt Flüchtlingskinder aufnehmen und daher nicht von den neugeschaffenen Stellen für Vorbereitungs- und Auffangklassen teilnehmen. Die Mittel sind insbesondere für nebenamtliche oder geringfügige Honorarverträge vorgesehen. Für eine Lerngruppe von etwa 15 bis 18 Kindern und Jugendlichen soll eine halbe Lehrerstelle für das Erlernen der deutschen Sprache zur Verfügung stehen. Die Landesregierung stellt im Haushalt 2016 zusätzliche Mittel in Höhe von zwei Millionen Euro für die Volkshochschulen zur Verfügung. Das Geld ist vorgesehen für die Projektförderung zusätzlicher Kurse zur Sprachförderung für neu zugewanderte Erwachsene und Jugendliche ab 16 Jahren. Gefördert werden Angebote bis zur Niveaustufe B 1 des Gemeinsamen Europäischen Referenzrahmens (elementare Sprachanwendung).

Bessere Infrastruktur

Bezirksregierungen, Schulämter und Kommunale Integrationszentren (KI) sorgen gemeinsam dafür, dass zugewanderte Kinder und Jugendliche so rasch wie möglich einen Platz in einer Schule erhalten. Für jede Schule ist laut Ministerium ein Schularzt bestellt. Er betreut oder berät Schülerinnen und Schüler, Lehrkräfte und auch Eltern. Bei einem Verdacht auf meldepflichtige Infektionskrankheiten schaltet die Schule den schulärztlichen Dienst ein. In den Kreisen und kreisfreien Städten in NRW gibt es zurzeit 50 KI. Ihre Aufgabe ist es, die verschiedenen Akteure im Bereich der Integration vor Ort zusammenzubringen und mit eigenen Angeboten zu unterstützen. Unter anderem beraten die KI Schulen, Schulämter, Studienseminare. Sie bieten Fachvorträge und Workshops für das gesamte pädagogische Fachpersonal an. Für die KI wurden mit dem Haushaltsplan 2015 zehn zusätzliche Stellen bereitgestellt, die 14 besonders betroffenen Kreisen und Städten zugewiesen wurden. Die Landesweite Koordinierungsstelle Kommunale Integrationszentren hat die Veranstaltungsreihe Schule für neu zugewanderte Kinder und Jugendliche für Lehrkräfte ins Leben gerufen. Die erste Veranstaltung fand am im Oktober 2015 statt und war binnen weniger Stunden ausgebucht. Die Reihe wird fortgesetzt.

Umsetzung in der Schule

Die sprachliche Bildung der Schülerinnen und Schüler ist im Sinne eines sprach- und kultursensiblen Fachunterrichts Aufgabe aller Lehrkräfte und aller Fächer. Die Schulen bilden zur Umsetzung einer solchen durchgängigen Sprachbildung vielfach Teams von Lehrkräften und weiteren Fachkräften.

Die schulische Betreuung von Kindern ohne Deutschkenntnisse ist eine große pädagogische Herausforderung. Zugewanderte Lernende, die aufgrund ihrer lückenhaften Deutschkenntnisse noch nicht in der Lage sind, durchgehend am Regelunterricht teilzunehmen, können in NRW unter anderem in sogenannten Vorbereitungsklassen oder Auffangklassen unterrichtet werden. Ziel ist die schnellstmögliche Teilnahme am Regelunterricht als beste Voraussetzung für gelingende Integration.

Vorbereitungsklassen werden vor Schuljahresbeginn eingerichtet, Auffangklassen bei Bedarf im Verlauf des Schuljahres. In Schulen, die derartige Klassen nicht einrichten, können Schülerinnen und Schüler in kleinen Lerngruppen temporär gefördert werden und erhalten in diesem Rahmen Deutschunterricht.

In Berufskollegs in NRW werden in Absprache mit dem Schulträger und der oberen Schulaufsicht internationale Förderklassen eingerichtet. Diese Klassen sind Bestandteil des vollzeitschulischen Bildungsganges der Ausbildungsvorbereitung und bieten berufsschulpflichtigen Jugendlichen mit Zuwanderungsgeschichte die Möglichkeit, berufliche Kenntnisse, Fähigkeiten, Fertigkeiten und berufliche Orientierung sowie einen dem Hauptschulabschluss gleichwertigen Abschluss zu erwerben. Nicht mehr schulpflichtige Flüchtlinge können in den Bildungsgang der teilzeitschulischen Ausbildungsvorbereitung aufgenommen werden, wenn sie an einer Maßnahme der Bundesagentur für Arbeit, der Jugendhilfe oder einer anderen staatlichen Einrichtung teilnehmen.

Schulpflichtige und nicht mehr schulpflichtige junge Menschen besuchen im Rahmen der Teilnahme an einer Einstiegsqualifizierung der Bundesagentur für Arbeit oder einer dualen Berufsausbildung den Unterricht in Fachklassen des dualen Systems. Ausbildungsbegleitende Sprachkurse können die Auszubildenden durch Stützunterricht entsprechend dem Angebot eines Berufskollegs im Differenzierungsbereich erhalten.

An vielen Schulen unterrichten Lehrkräfte, die bereits über Zusatzqualifikationen im Bereich »Deutsch als Zweitsprache« verfügen. Die Bezirksregierungen bieten für andere Lehrkräfte Zertifikatskurse für die Kompetenz »Deutsch als Zweitsprache/ Deutsch als Fremdsprache« an. Zurzeit wird eine landeseinheitliche Fortbildungsmaß-nahme konzipiert.

NRW ist das erste Bundesland, das 2009 in der Lehrerausbildung für alle Lehrämter ein verpflichtendes Modul »Deutsch als Zweitsprache« eingeführt hat. Die Umsetzung ist an allen lehrerausbildenden Universitäten erfolgt. 2016 stellt das Land Nord-rhein-Westfalen mit Verabschiedung des Nachtragshaushalts zusätzlich mehr als sechs Millionen Euro bis 2019 bereit. Die Investitionen sind Teil des Maßnahmenpaketes für mehr innere Sicherheit und bessere Integration und dienen dazu, Lehrkräfte für den Unterricht von zugewanderten Schülerinnen und Schülern und Erwachsenen auszu-bilden.

Die entsprechenden Studienangebote sollen umgehend aufgebaut werden und zum Wintersemester 2016/2017 anlaufen (Löhrmann 2016).

Es tut sich bereits etwas, allerdings noch nicht genug: Als Reaktion auf die Zuwande-rung Hunderttausender schulpflichtiger Kinder und Jugendlicher haben die Bundes-länder bis Dezember 2015 mindestens 8264 spezielle Deutschlernklassen eingerichtet. Dies ergaben Recherchen der Welt am Sonntag bei allen 16 Bundeslän-dern. Etwa 8500 Lehrerinnen und Lehrer stellten die Bundesländer bislang zusätzlich ein. Allerdings werden laut Deutschem Philologenverband mindestens 20 000 neue Lehrkräfte gebraucht (Vitzthum/Büscher 2015).

Zu Besuch an der Grundschule Schloss Benrath

In Düsseldorf lernen Flüchtlingskinder Deutsch – mit Hightech-Unterstützung.

Die Sonnenstrahlen scheinen durch die hohen Fenster auf einen großen, blauen Teppich. Es ist der erste Tag nach den Osterferien, und auf dem Teppich haben sich rund um ein Schulbuch sechs Kinder hingehockt. Die aufgeschlagene Doppelseite zeigt ein Schulgebäude mit mehreren Klassen, das Sekretariat und die Turnhalle und das Leben auf dem Schulhof. Auch Stefanie Alex hockt auf dem Boden. Die junge Grundschullehrerin ist für die Lerngruppe verantwortlich, in der Kinder ohne ausreichende Deutschkenntnisse besonders gefördert werden. Die Kinder sind Flüchtlinge und besuchen alle die erste Klasse der Grundschule Schloss Benrath im Düsseldorfer Süden. »Guten Morgen zusammen«, sagt die Lehrerin. »Guten Morgen, Frau Alex«, schallt es im Chor zurück. Aber bevor die Stunde beginnen kann, müssen an diesem ersten Schultag nach zwei Wochen Unterrichtspause erst einmal die wichtigsten Ferienerlebnisse erzählt werden: spannende Spiele mit Freunden, ein paar kleinere Verletzungen, ein aufregender Ausflug in die nähere Umgebung. Doch die Kinder erzählen erstaunlich kurz – nicht, weil sie mit ihren noch eingeschränkten Deutschkenntnissen nicht genug Ausdrucksmöglichkeiten hätten, sondern weil sie immer wieder gespannt auf den dunkelblauen, mit Sternen verzierten Stift schauen, den Stefanie Alex in der Hand hält. Was aussieht wie ein dicker Kugelschreiber, ist in Wirklichkeit ein Hightech-Lerngerät: Im Stift integriert sind ein Sensor und ein Chip. »Wo ist der Hausmeister?«, fragt die Lehrerin endlich, und vier kleine Hände fliegen gleichzeitig in die Höhe.

Bild Mitte: Stefanie Alex, Lehrerin an der Grundschule Schloss Benrath

Shabir ist als Erster dran: Mit dem Stift zeigt er im aufgeschlagenen Schulbuch auf den Mann im Kittel, der auf dem Schulhof steht. Kaum hat die Spitze des Stifts das Bild des Hausmeisters berührt, ertönt eine Stimme: »Der Hausmeister schimpft mit einem Jungen.« Die sechs Kinder hören kaum bis zum Ende des Satzes zu, sofort wiederholen sie die Aussage: »Der Hausmeister schimpft mit einem Jungen.« Denn der

Junge hat, das ist auf dem Bild deutlich zu sehen, eine Bananenschale auf den Schulhof geworfen, auf der gerade ein anderes Kind ausrutscht. »Aua«, sagt Edita. »Zeig
mir mal die Sekretärin«, sagt Stefanie Alex jetzt, und wieder wollen fast alle Kinder
mit dem sprechenden Stift hantieren. Ali ist diesmal dran, und der Stift sagt: »Die
Sekretärin arbeitet am Computer.« »Die Segeretin arbeitet…«, wiederholt Ali, wird
aber sofort von Gelächter und vielen Rufen unterbrochen: »Segere… Sakri…«, versuchen es jetzt die anderen und lachen immer wieder auf. »Das ist ein schwieriges
Wort«, sagt Stefanie Alex. Im Chor wiederholt die Klasse ein paarmal den Satz, bis es
mit diesem schwierigen Begriff endlich klappt: »Die Sekretärin arbeitet am Computer.«

Die Lesestifte sind an der Grundschule Schloss Benrath seit Anfang des Schuljahres im
Einsatz – mit großem Erfolg, erzählt Stefanie Alex. Die jungen Deutsch-Quereinsteige-
rinnen und -Quereinsteiger trainieren mit den Geräten neue Vokabeln, »und sie sind
dabei wahnsinnig motiviert«, beobachtet die Lehrerin. Zwar kosten die Stifte normalerweise rund 30 Euro pro Stück und sind damit für viele Schulen eine Investition, die
als Klassensatz erst einmal geplant werden muss – aber manchmal bieten Schulbuch-
verlage auch günstigere Konditionen an. Die Erfahrungen zeigen: Für den Förderunterricht in Deutsch sind die Materialien ein großer Gewinn. Die Düsseldorfer Grundschule
setzt dabei ganz bewusst nicht auf Flüchtlings- oder Willkommensklassen, sondern lässt
die Kinder von Anfang an Unterricht der Regelklassen teilnehmen – von wo sie dann
zu einzelnen Förderstunden in die Lerngruppe gehen. Die Idee dahinter: Vom ersten Tag
an lernen die zugewanderten Kinder auch durch enge soziale Kontakte mit deutschen
Mitschülern, und zwar mindestens ebenso viel wie im speziellen Förderunterricht. In der
besonderen Lerngruppe für Flüchtlinge geht es dabei meistens um Sprachkenntnisse;
aber auch Fachunterricht – etwa in Mathematik – wird immer wieder in diesem
besonderen Rahmen angeboten. »Insgesamt haben wir im Moment 15 Kinder aus verschiedenen Jahrgängen in dieser Gruppe«, berichtet Stefanie Alex, »und die kommen
mit sehr unterschiedlichen Voraussetzungen: Manche verstehen die deutsche Sprache
schon ganz gut und können sich ein wenig verständigen, andere Kinder kommen komplett ohne Deutschkenntnisse in die Gruppe.« Die Voraussetzungen seien eben, je nach
persönlicher Lebensgeschichte der Lernenden, sehr unterschiedlich: »Das ist nicht immer
ganz einfach, macht aber in der täglichen Arbeit unglaublich viel Spaß.«

Für den Unterricht in der Lerngruppe gibt es bisher noch kein eigenes Klassenzimmer.
Deshalb trifft sich die Lehrerin mit den Kindern bislang in einem Raum der offenen

Ganztagsschule, in dem sonst nachmittags freiwillige Angebote für die Kinder statt-
finden. Dieser Raum sieht etwas anders aus als ein normales Klassenzimmer: Auf
den Fensterbänken thronen von Kindern gebaute Lego-Gebilde, in den Regalen liegen
Spiele und Bastelmaterial, und in einer Ecke steht ein großes gemütliches Sofa. Für
den Deutschunterricht ist diese Art von Gemütlichkeit manchmal sogar hilfreich: An
diesem Vormittag teilen sich die Kinder in Zweiergruppen auf, nehmen ihre
Deutschbücher und die dazugehörigen sprechenden Stifte und üben als Lerntandems
abwechselnd am Tisch, auf dem Sofa und auf dem Boden liegend. Ein Kind fragt, das
andere zeigt mit dem Stift auf das entsprechende Bild im Buch. »Wo ist die Feder-
mäppchen?«, will Edita wissen und korrigiert sich sofort: »Das Federmäppchen.«
»Federmäppchen«, wiederholt Leo und zeigt mit dem Stift auf ein gelbes Buch. »Das
Buch«, sagt die Stimme aus dem Stift, und Leo und Edita müssen lachen. Beim
zweiten Versuch klappt es dann, der Stift verkündet: »Das Federmäppchen«. Dann
ist Leo mit der nächsten Frage dran.

Die Bertelsmann Stiftung stellte bereits im Jahr 2008 »Empfehlungen für bessere
Chancen für Kinder und Jugendliche mit Migrationshintergrund im deutschen Bildungssystem« zusammen. Der Fokus der Ratschläge liegt dabei auf dem Schulsystem,
deshalb kann die Liste trotz ihrer Allgemeingültigkeit für Deutschland ein Leitfaden
für die einzelnen Länder sein:

→ Das Bildungssystem sollte am Leitbild von Teilhabe orientiert und integrativ weiterentwickelt werden: »Ohne integrative Schulstrukturen und den Ausbau der
Ganztagsschule wird es in Deutschland keine fairen Chancen für Kinder aus sozial
benachteiligten und Familien mit Zuwanderungsgeschichte geben« (hier und im
Folgenden: Heckmann 2008, S. 239 ff.).

→ Ressourcen im Bildungssystem sollen dort eingesetzt werden, wo sie am meisten
gebraucht werden: »Vor Ort in der Stadt oder Region kann am besten eingeschätzt
werden, wo die größten Herausforderungen liegen. Deshalb brauchen Kommunen
bessere Steuerungsmöglichkeiten.«

→ Lehrkräfte müssen für den Umgang mit Kindern aus Zuwandererfamilien systematisch aus- und fortgebildet werden: »Kinder aus Zuwandererfamilien, deren Deutschkenntnisse zunächst nicht perfekt sein können, dürfen im Lernprozess nicht entmutigt werden. Lehrkräfte brauchen dazu interkulturelle und diagnostische Kompetenzen.«

→ Die neue Lernkultur und das schulische Qualitätsmanagement müssen im Interesse benachteiligter Kinder vorangebracht werden: »Jedes Kind soll entsprechend seiner Fähigkeiten und Voraussetzungen gefördert werden«.

→ Schule muss interkulturell geöffnet werden: »Alle Kinder sollen sich angesprochen und ernst genommen fühlen. Die Schule soll zum Beispiel Feste und Gedenktage der Schülerinnen und Schüler in ihren Alltag einbeziehen.«

→ Ein entscheidendes Element ist die Sprachförderung: Nicht nur Deutsch als Zweitsprache, sondern auch die Herkunftssprache der Zuwandererfamilien sollte gefördert werden: »Denn niemand kann bestreiten, dass Mehrsprachigkeit die interkulturelle Kompetenz verstärkt und ein Vorteil in der globalisierten Welt ist.«

Wie außerschulische Kooperations-
partner die Integration unterstützen

Schulen repräsentieren das Bildungssystem. Aber richtig stark und wirksam werden
sie manchmal erst in Zusammenarbeit mit anderen Akteuren – mit Partnern, welche
die Integration noch weiter vorantreiben.

Externe Hilfe, die stark macht

Auch wenn es in diesem Buch in erster Linie um Schulen und die Handlungsmöglichkeiten von Lehrerinnen und Lehrern geht, ist dennoch eines klar: Die Integration von mehreren hunderttausend Flüchtlingskindern ins Bildungssystem kann und darf nicht allein eine Aufgabe des Bildungssystems sein. Vor dem Hintergrund, dass in der Schulpädagogik in den vergangenen Jahren verstärkt auf die Einbettung in kommunale und regionale Lernlandschaften gesetzt wurde und die Zusammenarbeit mit außerschulischen Partnern und Lernorten zum Normalfall geworden ist, heißt das auch für die Herausforderungen der Zuwanderung von geflüchteten Kindern und Jugendlichen: Zusätzliche Partner sind willkommen, sinnvoll und sogar notwendig.

Ein Beispiel für die Förderung dieser Art von Zusammenarbeit ist das vom deutschen Bundesfamilienministerium unterstützte Programm »Willkommen bei Freunden«. Die Idee: Weil viele geflohene Kinder und Jugendliche traumatische Erfahrungen machen mussten und etliche von ihnen ohne Eltern unterwegs sind, braucht es besondere Netzwerke für eine angemessene Betreuung – von der Erstversorgung über die Einschulung bis zur langfristigen Integration. »Der Hebel, den wir dafür wählen, sind kommunale Bündnisse«, sagt Ariane Rademacher (vgl. Himmelrath 2016), Leiterin der Regionalstelle der Deutschen Kinder- und Jugendstiftung in Nordrhein-Westfalen, »das heißt, wir arbeiten mit Akteuren vor Ort zusammen. Das können die Kommunen sein, das können Vereine sein, Freiwilligenagenturen – alle, die Interesse haben, können sich an uns wenden, um Bündnisse für junge Geflüchtete zu etablieren.« In dem Förderprogramm wird Schulen und Vereinen, Städten und Gemeinden zwar kein Geld angeboten, dafür aber eine hoch qualifizierte Beratung, die sich an den Bedürfnissen vor Ort orientiert und dabei bewusst nicht auf Standardlösungen setzt. »Wir gehen nicht in die Kommunen und sagen: So und so funktioniert das, so und so müssen Kinder beschult werden, so und so muss die Integration in die Kindertageseinrichtungen erfolgen«, sagt Ariane Rademacher, »sondern wir überlegen wirklich passgenau mit den lokalen Akteuren, was sie eigentlich brauchen, wo es vielleicht gerade hakt und was die Schwerpunktthemen sind, an denen wir vielleicht ansetzen können.«

»Willkommen bei Freunden« bietet Beratung, Weiterbildungsangebote und auch die Kostenübernahme für den Besuch in einer anderen Stadt an – damit nicht jede Schuldezernentin und jeder Schulleiter das Rad neu erfinden muss, sondern von bereits gemachten Erfahrungen in anderen Orten profitieren kann. Einer, der bereits viele solcher Erfahrungen sammeln konnte, ist Wilfried Steinert. Der Pädagoge war selbst Schulleiter und berät heute Schulen und Gemeinden, wie sie das nutzen können, was er selbst als riesige Chance für das Schulsystem beschreibt: »Wir wissen aus Untersuchungen, dass Kinder mit Migrationshintergründen in der ersten Generation weitaus höher motiviert sind zu lernen, als deutsche Kinder«, sagt Steinert. »Und wenn wir jetzt sehen, wie viele Flüchtlinge kommen – die bringen ja eine ungeheure Motivation mit! Und die müssen wir produktiv für unsere Arbeit in den Schulen nutzen. Die können wir nutzen!«, ist er überzeugt. Und zwar, sagt Wilfried Steinert, indem man die jungen Flüchtlinge so schnell wie möglich in Kontakt zu gleichaltrigen Deutschen und in reguläre Schulklassen bringt – das gebe so einer Klasse einen regelrechten Motivationsschub. Dieser Schub müsse aber auch aktiv genutzt werden. Steinert macht dabei deutlich, dass er reinen Flüchtlingsklassen eher skeptisch gegenübersteht: »Ich denke, man sollte die Flüchtlingskinder nicht nur als feste Gruppe in einer Schule oder Klasse integrieren, sondern die einzelne Klasse in viele Kleingruppen aufteilen – eine Klasse mit 25 Lernenden vielleicht in fünf Gruppen aufteilen, Tischgruppen zum Beispiel, in denen dann vielleicht je ein Kind mit Migrationshintergrund oder ein Flüchtlingskind dabei ist«, beschreibt der Pädagoge sein Konzept. Auf diese Weise würden sich die Schülerinnen und Schüler untereinander enorm viel sprachliches und fachliches Wissen beibringen und ganz nebenher ihre Sozialkompetenz stärken. Ganz wichtig, sagt Wilfried Steinert, sei es dabei aber auch, die Lehrerinnen und Lehrer mit den neuen Herausforderungen nicht allein zu lassen. Dies betreffe das Angebot von Weiterbildung und Supervision, aber auch die gezielte Vernetzung mit Kolleginnen und Kollegen, Behörden, Vereinen und freiwilligen, ehrenamtlichen Helfern. Genau das also, was die lokalen Bildungsnetzwerke des Programms »Willkommen bei Freunden« ebenfalls erreichen wollen.

Wie schwierig es sein kann, wenn diese Vernetzung nicht funktioniert und man auftretende Schwierigkeiten als Lehrkraft allein meistern muss, zeigt das Beispiel einer Lehrerin aus Sachsen-Anhalt.

Zu Besuch bei einer Lehrerin in Sachsen-Anhalt

Manchmal ist sie überfordert, sagt eine Grundschullehrerin aus der Nähe von Magdeburg – allerdings nicht von den Flüchtlingen.

Ich provoziere keine Lehrer, und keine anderen Kinder

Das erste Mal passierte es ziemlich unerwartet. Andrea (dieser und alle weiteren Namen geändert), zehn Jahre alt und schon immer ein ziemlich lebhaftes Kind, stürmte eines Morgens in die Klasse und verkündete: »Alle Flüchtlinge sind Ziegenficker. Alles Kanacken! Ich hasse Allah!« Susanne S., seit mehreren Jahren Lehrerin an dieser Schule, war zunächst wie gelähmt: »Ich wusste gar nicht, wie ich reagieren sollte, und fühlte mich der Situation überhaupt nicht gewachsen.« Denn eigentlich, sagt Susanne S., sei die Situation an ihrer Schule ideal: Die Einrichtung liegt im Osten Deutschlands in einem Wohngebiet am Rande einer größeren Stadt, hier leben eher bürgerlich orientierte Familien. Viele Eltern entscheiden sich bewusst für diese Schule, weil sie das fortschrittliche, nicht nur auf Leistungsoptimierung setzende pädagogische Konzept schätzen. Flüchtlinge gibt es in dieser Gegend kaum: »Eine internationale Klasse oder eine eigene Willkommensklasse gibt es bei uns nicht, dazu haben wir gar nicht genug betroffene Kinder«, erzählt die Lehrerin, »ich habe ein einziges Mädchen aus Syrien in meiner Klasse, die anderen Kollegen im vierten Schuljahr haben gar keine Flüchtlinge in ihrem Unterricht.« Hinzu kommt, dass die Schule schon seit Jahren dem Netzwerk Schule ohne Rassismus angehört und von Eltern und der Öffentlichkeit für ihre Toleranz und Offenheit geschätzt wird.

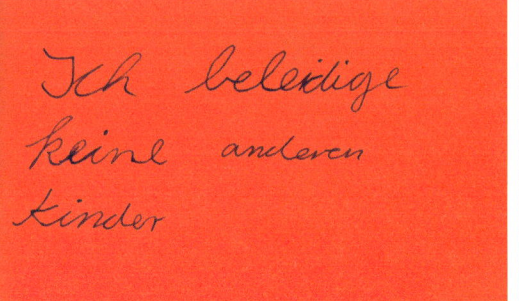

Umso unvorbereiteter trafen Susanne S. die rassistischen Sprüche der Viertklässlerin, weitere fremdenfeindliche Aussagen des Mädchens im Unterricht, die Tränen der syrischen Mitschülerin und vor allem die Situationen, die die Lehrerin danach erlebte. Nachdem sie das Thema noch am gleichen Tag im Unterricht aufgegriffen hatte, versuchte die 35-Jährige, über ein Elterngespräch Andreas Verhalten zu thematisieren – und stieß auf unerwartete Widerstände. »Die muslimischen Kinder sind ja auch nicht ohne«, war die spontane Reaktion der Mutter auf die Schilderungen der Lehrerin. Weitere Gespräche verweigerte sie zunächst, später überschüttete sie Susanne S. mit

Vorwürfen, zweifelte an ihrer Kompetenz oder gleich am Wahrheitsgehalt des Vorfalls mit Andrea. Susanne S. suchte in dieser Situation parallel das Gespräch mit anderen Kolleginnen und Kollegen und dem Schulleiter, »aber das Gefühl, richtig gut unterstützt zu werden, hatte ich dabei nicht unbedingt«, formuliert sie ihre Enttäuschung vorsichtig. Obwohl sie sich gegenüber der Mutter »regelrecht ohnmächtig« fühlte und gerne ein klares Zeichen im Sinne der Ideen des Netzwerks »Schule ohne Rassismus« setzen wollte, bekam sie dafür kaum Unterstützung. »Stattdessen hieß es, ich sollte die Situation beruhigen und nicht unnötig eskalieren«, sagt die Lehrerin. Andere Eltern hatten von den Auseinandersetzungen gehört und machten nun ihrerseits Druck, drohten gar mit der Ummeldung ihrer Kinder an andere Schulen, wenn gegen die rassistischen Ausfälle der Zehnjährigen nicht konsequent vorgegangen werde.

Ein paar Wochen liegen diese Vorfälle mittlerweile zurück, richtig geklärt wurden sie bisher nicht. Immer mal wieder gibt es Termine mit Andreas Eltern, »aber irgendwie verläuft das im Sande«, sagt die Lehrerin. An diesem Morgen singen die 21 Kinder der dritten Klasse zur Begrüßung ein paar Lieder, dann macht Susanne S. eine Ankündigung: »Wir bekommen nach den Ferien ein neues Kind in unsere Klasse.« »Junge oder Mädchen?«, wollen die Kinder lautstark wissen. »Ein Junge«, sagt Susanne S. und sorgt damit für Jubel bei den Jungs. Als es ruhiger wird, fragt sie: »Was meint ihr – wie fühlt es sich denn an, neu in eine Klasse zu kommen?« Raniah meldet sich, das syrische Mädchen, das vor ein paar Monaten als Flüchtling nach Deutschland kam. »Am Anfang haben mich die anderen ausgelacht, weil ich Sachen nicht konnte«, sagt sie leise. »Und ich war traurig, weil ich keine Freunde hatte.« Hanna, die neben ihr sitzt, plappert dazwischen: »Aber du bist doch meine Freundin!« Die beiden umarmen sich, fragen dann gleichzeitig: »Frau S., wenn wir die neue Sitzordnung haben – dürfen wir dann trotzdem nebeneinander bleiben?«

»Für mich ist der Umgang mit diesem Widerspruch so schwierig«, sagt Susanne S. später, bei einer Pause auf einer Bank im Stadtpark. »Einerseits gibt es ganz viele Eltern, die Raniahs Familie unterstützen und helfen, mit zu Ämtern gehen, den Schulweg der Kinder zusammen organisieren und die sogar Geld spenden, damit Raniah bei der Klassenfahrt dabei sein kann. Und anderseits sind da Andreas Eltern, die ganz offenkundig die rassistischen Ausfälle ihrer Tochter zumindest tolerieren und keinen Handlungsbedarf sehen. Weil dann noch die klare Unterstützung der Schulleitung fehlt, fühle ich mich regelrecht aufgerieben zwischen allen Beteiligten.« Ihr sei klar,

dass eigentlich Raniah das Opfer der rassistischen Ausfälle sei, aber sie selbst fühle sich dennoch alleingelassen. Und noch ein weiterer Aspekt kommt hinzu, sagt die 35-Jährige nach langem Nachdenken: Raniahs Situation und ihre Erlebnisse im Krieg und während der Flucht. In Syrien lebte das Mädchen auf einem Bauernhof und musste erleben, wie bewaffnete Fremde mehrere Tiere erschossen. Sechs Mal trat die Familie auf ihrer Flucht die Bootsfahrt an, um von der Türkei aus nach Griechenland zu gelangen, bevor die Überfahrt endlich klappte – um den schrecklichen Preis, dass Raniahs Schwester bei einem dieser Versuche ums Leben kam. »Raniah ist natürlich traumatisiert«, sagt Susanne S., die im vergangenen Jahr immerhin eine kurze Fortbildung zum Umgang mit Traumata gemacht hat. »Aber dadurch bin ich allenfalls minimal gerüstet für solche Fälle«, sagt sie selbstkritisch. So zog sich Raniah zu Beginn immer wieder komplett zurück, wiederholte nur wieder und wieder: »Keiner mag mich.« Irgendwann habe Susanne S. gesagt: »Schluss jetzt!« und dem Mädchen deutlich gemacht, wie sehr sich die anderen Kinder um sie kümmern – dass sie aber auch selbst auf die anderen zugehen müsse. Die Mutter, erzählt die Lehrerin, habe ihrer Tochter jedoch gesagt, sie solle nicht von den Erlebnissen im Krieg und auf der Flucht erzählen. »Manchmal redet sie trotzdem mir gegenüber davon«, sagt Susanne S., »zuletzt bei unserem Waldprojekt. Da gingen wir spazieren, Raniah ging neben mir, und alle Erlebnisse während der Flucht flossen wie ein unaufhaltbarer Strom aus ihr heraus. Sie redete und redete.« Wie soll man damit umgehen? Richtig vorbereitet darauf wurde die junge Lehrerin nicht. Sie habe Raniah einfach reden lassen. Und jetzt? Susanne S. hofft einfach darauf, alles möglichst richtig zu machen. Und dennoch, sagt die Lehrerin, »habe ich es noch keine Minute bereut, Raniah aufgenommen zu haben«. Sie sei überzeugt davon, dass es richtig und wichtig sei, dass jede Klasse Flüchtlingskinder aufnimmt: »Das wäre gelebte Integration – im Vergleich zu den Willkommensklassen, wo die Flüchtlinge unter sich sind und sicher nicht so schnell die Sprache lernen.« Raniah jedenfalls zeigt nach nicht einmal fünf Monaten schon beeindruckende Sprachkenntnisse: »Das ist für mich ungeheuer positiv, diese Fortschritte zu erleben, und ich fühle mich in meiner damaligen Entscheidung absolut bestätigt, ins kalte Wasser zu springen und das Kind ohne zu Zögern aufzunehmen – auch wenn ich öfters ratlos und für solche Situationen nicht richtig ausgebildet bin.« Vielleicht sei sie idealistisch, sagt Susanne S. – »aber ich bin von meinem Handeln nach wie vor überzeugt, trotz der Erlebnisse mit Andrea und ihren Eltern.«

Dabei hatte es vor ein paar Tagen noch einmal eine Zuspitzung der Situation gegeben. Andreas Bruder, ein Erstklässler, hatte sich gegenüber einem Lehrer mit Blick auf die Flüchtlinge in Deutschland erschreckend fremdenfeindlich geäußert. »Ich mag keine Ausländer«, sagte der Sechsjährige, »die sollen hier nicht herkommen.« Auf die Nachfrage, ob er dann auch die Mitschülerin aus Schweden nicht möge, antwortete Andreas Bruder: »Doch, das ist was anderes, Schweden ist Europa und das ist gut. Aber die islamischen Kinder sollen nicht in meine Klasse kommen. Ich will auch auf eine Pegida-Demonstration gehen!« Erst nach diesem Vorfall reagierte der Schulleiter endlich, eine ähnliche Unruhe wie zuvor in der vierten Klasse will er unbedingt vermeiden. Die Eltern der Geschwister will er jetzt auch offiziell konfrontieren und klare Grenzen aufzeigen. »Ehrlich gesagt, bin ich erleichtert, dass ich damit etwas aus der Schusslinie komme und sich jetzt auch andere mit Andreas Eltern auseinandersetzen müssen«, sagt Lehrerin Susanne S.

Zurück in der Schule. Die Sonne scheint ins Klassenzimmer, gelbe Gardinen geben dem Raum eine freundliche Grundstimmung, die Lichtstrahlen zeichnen ein Muster auf das Eichenparkett. An der Wand, neben ein paar gemalten Bildern vom Waldprojekt, hängen drei Zettel mit Schulregeln, die Kinder immer dann aufschreiben müssen, wenn sie dagegen verstoßen haben.

»Ich beleidige keinen anderen Kinder«, steht da.

»Ich beleidige keine Lehrer.«

Und: »Ich provoziere keine Lehrer und keine anderen Kinder.«

Bildungsberater Wilfried Steinert kann die Sorge vieler pädagogischer Fachkräfte verstehen, die häufig erst einmal gar nicht genau wissen, wie sie mit den neuen Anforderungen umgehen sollen. »Viele haben erstmal Angst, aus den gewohnten Mustern rausgeworfen zu werden und etwas verändern zu müssen, was vertraut ist«, sagt Steinert. Dabei könne man schon mal vergessen, »dass diese Veränderung eigentlich die Chance für eine Neugestaltung ist – die Chance für Innovation, für Weiterentwicklung!« Und dass das Schulsystem und der Unterricht immer wieder neu erfunden und auf neue Herausforderungen eingestellt werden müssen. Die Zuwanderung, sagt Steinert, sei deshalb eine der größten Chancen für Veränderung, die es für das häufig verknöcherte Bildungssystem seit langer, langer Zeit gebe.

So ist es nur folgerichtig, wenn auf politischer Ebene die schulische Integration der Flüchtlingskinder als umfassendere, auch andere Felder von Politik und Gesellschaft betreffende Aufgabe verstanden wird. Einer der Ansätze: die gezielte Unterstützung derjenigen, die den Flüchtlingen als freiwillige Helfer zur Seite stehen. So wurde in Niedersachsen die landesweite Initiative »Stiftungen helfen – Engagement für Flüchtlinge in Niedersachsen« gegründet, um die ehrenamtliche Flüchtlingsarbeit zu unterstützen. In dieser Initiative haben sich bereits zu Beginn 30 Stiftungen zusammengeschlossen; mit dabei ist auch die Niedersächsische Lotto-Sport-Stiftung und damit eine Institution, die in unmittelbarer Nähe der Landesregierung angesiedelt ist. Mit der Gründung der Initiative sind finanzielle Anreize für gemeinnützige Vereine verbunden: »Bis Ende 2016 können auch solche gemeinnützige Organisationen Flüchtlingshilfe fördern, die nach ihrer Satzung eigentlich keine in Betracht kommenden Ziele – wie mildtätige Zwecke oder die Förderung der Hilfe für Flüchtlinge – verfolgen«, sagt Boris Pistorius, niedersächsischer Minister für Inneres und Sport sowie Vorsitzender des Stiftungsrates der Niedersächsischen Lotto-Sport-Stiftung. Das betrifft zum Beispiel Sport- und Kulturvereine. »Ich sehe es als wichtiges Zeichen, dass die Stiftungen in Niedersachsen bei diesem für uns alle so wichtigen Thema zusammenarbeiten.« Herzstück der Initiative Stiftungen helfen ist ein Fonds, mit dessen Mitteln Ehrenamtliche, die sich privat oder in einer Initiative engagieren, unterstützt werden. Ob Material für Flüchtlingssprachkurse, Tickets für einen gemeinsamen Ausflug oder Qualifizierungsmaßnahmen: Der Fonds fördert ehrenamtliche Aktivitäten mit bis zu 500 Euro. »Wir möchten den freiwilligen Helfern schnell und leicht kleinere Geldbeträge für ihre Arbeit mit Flüchtlingen zur Verfügung stellen«, sagt Hans-Christian Biallas, Präsident der Klosterkammer, die ebenfalls als Stiftung an der Initiative beteiligt ist. Damit soll die Flüchtlingsarbeit erleichtert werden, indem Synergien zwischen den verschiedenen Akteuren genutzt werden. Wo also bisher beispielsweise eine Schule nicht wusste, wie sie die finanziellen Probleme von Flüchtlingskindern zum Beispiel im Hinblick auf die Teilnahme an einer Klassenfahrt lösen konnte, besteht nun – zumindest in Niedersachsen und für einen erst einmal begrenzten Zeitraum – die Chance, in Zusammenarbeit mit Vereinen oder anderen Organisationen eine unkomplizierte Lösung zu finden.

Dabei ist klar, dass für viele Schulen die Angebote engagierter außerschulischer Partner eine überaus hilfreiche und pädagogisch reizvolle Ergänzung der eigenen Arbeit mit Flüchtlingskindern sind. Wenn etwa die Kölner Schriftstellerin Mirijam Günter Literaturwerkstätten für deutsche und geflüchtete Kinder und Jugendliche anbietet, dann zeigen viele (Berufs-)Schulen daran erst einmal großes Interesse – doch klar ist auch, dass die Kosten dafür aufgebracht werden müssen. Erst recht, wenn es wie im August 2015 mit dem Verein Ausbildung statt Abschiebung ins Kloster Himmerod in der Eifel geht, um dort schreibend und redend einige Tage lang in einer Gruppe junger Flüchtlinge intensiv Deutsch zu lernen, zu schreiben, zu spielen und in einem jeweils individuellen Tagebuch die eigenen sprachlichen Fortschritte und Entwicklungen festzuhalten.

Die beiden Eritreer Timuski und Teklit finden über die Literaturwerkstatt von Mirijam Günter den Zugang zur deutschen Sprache.

Timuski, 24 Jahre, und Teklit, 27 Jahre, stammen beide aus Eritrea und haben dort zum Teil jahrelange Militär- und Gefängniserfahrungen machen müssen. Seit sieben Monaten sind sie in Deutschland, der direkten Gefahr für das eigene Leben zwar durch die Flucht entronnen, aber durch ihr Alter weit jenseits aller Optionen, hier eine Schule besuchen zu können. »Die Literaturwerkstätten sind für uns eine Chance, in

Deutschland anzukommen«, sagen die beiden jungen Männer. »Ich versuche, durch das gemeinsame Schreiben, durch die Auseinandersetzung mit Text und Literatur neue Türen zu öffnen«, beschreibt Mirijam Günter ihre Idee. Und sie bekommt dafür viel Lob, etwa von den Autoren des Buchs »Von wegen nix zu machen…«, die über die Seminare der Schriftstellerin schreiben: »Mirijam Günter erreicht die, die aufgrund von sozialer Herkunft oder Migrationshintergrund keine Berührung mit Literatur und wenig Chancen auf Bildungserfolg haben. Aus eigener Initiative widmet sich Mirijam Günter der Sprach- und Leseförderung und trägt die Auseinandersetzung mit Dichtern und Denkern in die bildungsfernen Gesellschaftsgruppen. Durch ihren eigenen biografischen Hintergrund findet sie einen Schlüssel zu den Teilnehmern, und diese finden einen Zugang zu Heine, Schiller und Goethe, zu Texten und Gedichten und ihrem eigenen sprachlichen Ausdrucksvermögen. Vom Ergebnis dieser Literaturwerkstätten profitieren alle. Doch das Aufbrechen der Bildungsbenachteiligung kostet Geld. Und so kämpft die Autorin unermüdlich um Fördermittel für ihre Projekte. Was sie dabei immer wieder feststellen muss: Den sogenannten ›Risikolagen‹ Erwerbslosigkeit, Geringverdienst und niedriges Bildungsniveau steht bei manchen Trägern eine Art mentaler ›Risikolage‹ gegenüber (Jürgen Becker, Franz Meurer, Martin Stanowski 2011). Denn ehrenamtliches Engagement ist zwar bei der Bewältigung der durch die Flüchtlingskrise entstandenen Herausforderungen ein wichtiger gesellschaftlicher Grundpfeiler – doch in Fragen der Bildung hat das Ersetzen professioneller und damit auch bezahlter Strukturen durch Ehrenamtliche seine Grenzen. Hier muss allen Beteiligten klar sein: Professionell gemachte Angebote wie Literaturwerkstätten oder vergleichbare Projekte kosten Geld, und wer die Integration von Flüchtlingskindern und -jugendlichen wirklich will, darf sich nicht darauf verlassen, zusätzliche Lernangebote umsonst zu erhalten.

Auch in anderen Bundesländern spielen außerschulische Lernorte und die Angebote von Ehrenämtern eine wichtige Rolle bei der Betreuung von Schülerinnen und Schülern. Etwa in der Offenen Jugendwerkstatt Karlsruhe, wo Handwerkerinnen und Handwerker im Ruhestand ihr Wissen gezielt an Jugendliche weitergeben und dabei auch besondere Angebote für Flüchtlingskinder konzipiert haben.

Zu Besuch in der Offenen Jugendwerkstatt Karlsruhe

Dinge selber zu machen – das lernen (Flüchtlings-)Kinder und Jugendliche in einem alten Steinbruch.

Wer zur Offenen Jugendwerkstatt Karlsruhe e.V. (OJW) will, muss vom Hauptbahnhof Karlsruhe erst einmal den Bus nehmen. »Ach, in die Dörfer in den Bergen« solle es gehen, sagt der Busfahrer mit seiner unverkennbar badischen Sprachmelodie, und es klingt nach ziemlich weit draußen. Von der Haltestelle in Grünwettersbach geht es dann tatsächlich noch ein paar hundert Meter zu Fuß den Berg hinauf und schließlich auf das Gelände eines alten Steinbruchs. Hier ist sie seit 2015 zuhause, die Werkstatt der Generationen, wie sich der Verein auch nennt. »Ein tolles Gelände, eine inspirierende Umgebung«, schwärmt Peter Eyerer, einer der OJW-Gründer. Eyerer war Leiter des Fraunhofer-Instituts für Chemische Technologie ICT in Pfinztal und Professor an der Universität Stuttgart. Mittlerweile ist er pensioniert – und verbringt viel Zeit in der OJW.

Bild Mitte: Peter Eyerer und Dörthe Krause vor der mobilen Jugendwerkstatt

Frühere Büro- und Werkstattgebäude sind über das ganze Areal verteilt, in vielen davon sind Werkstätten und Arbeitsmöglichkeiten der OJW untergebracht: die Holz-, Metall- und Edelmetallverarbeitung, Werkstätten zum Schweißen und Löten, zum Drechseln, Fräsen und für elektrische Arbeiten. Aktuell wird eine Schmiede aufgebaut, die Esse steht bereits in dem kleinen Raum und wartet auf ihren ersten Einsatz. In einer Fahrzeughalle können Mofas und sogar Automotoren getestet und repariert werden; Fahrräder und andere, selbstgebaute Fahrzeuge mit ziemlich viel kreativem Potenzial stehen fast überall auf dem Gelände herum. Und von einem kleinen Holzpavillon aus, dem ehemaligen Büro des Steinbruchs, können die Kinder und Jugendlichen, die hier ihre Freizeit verbringen, per Computer über das Internet das Teleskop ROTAT auf dem Gelände des Observatoire de Haut-Provence in Südfrankreich steuern und nutzen oder Modelle für den 3D-Drucker entwerfen und realisieren. »Wir wollen generationsübergreifend zusammenarbeiten, Kinder und Jugendliche zum Selbermachen anleiten, ihre Eigenständigkeit fördern und ihr Interesse für Technik, Handwerk und Naturwissenschaften wecken und vertiefen«, sagt Peter Eyerer.

Angesprochen werden 10- bis 17-Jährige. Die Idee der OJW ist schon über ein Jahrzehnt alt: Damals fragten sich Peter Eyerer, seine Kollegin Dörthe Krause und andere Kolleginnen und Kollegen am ICT, wie sich die Motivation von Lernenden in Schule und Hochschule verbessern lassen könnte. Denn der bis dahin übliche Frontalunterricht, so viel war klar, brachte in Sachen Lerneffektivität wenig. Aus dem Wunsch nach Verbesserung entstand das Konzept TheoPrax samt einer gleichnamigen Stiftung, die Projekte fördert, bei denen Aufgabenstellungen aus der Realität in den Lehrplan und Unterricht integriert werden und so eine Verbindung von Theorie und Praxis möglich wird. Seit 1996 gibt es TheoPrax-Projekte in deutschen Schulen, seit 2008 in Brasilien, 2014 in Österreich, »und das läuft ausgesprochen erfolgreich«, erzählt Dörthe Krause.

Vor acht Jahren schließlich kauften die Akteurinnen und Akteure für 50 Euro einen alten Bauwagen und renovierten ihn; seither reist der Anhänger als mobile Jugendwerkstatt zu Schulen und Jugendeinrichtungen. Immer mit dabei sind ehemalige Handwerkerinnen und Handwerker, Pensionierte oder auch Eltern, die Kindern und Jugendlichen ihr Wissen weitergeben wollen – eben genauso wie es stationär auf dem Gelände der Jugendwerkstatt in Grünwettersbach erfolgt. Jeden Samstag, in den Schulferien auch unter der Woche, können die Kinder und Jugendlichen aus Karlsruhe und Umgebung hierhin kommen und ihren Interessen als Bastler, Tüftler und Handwerker nachgehen. Unter fachkundiger Aufsicht von insgesamt 15 ehrenamtlichen Betreuern schrauben und nieten, schweißen und sägen sie in den Werkstätten. Damit die notwendigen Kenntnisse auch fundiert und strukturiert erworben werden, gibt es als Logbuch für jeden Teilnehmer den »OJW-Werkstatt-Führerschein«, in dem die Betreuer bestätigen, was ein Jugendlicher schon gelernt hat. Die Kenntnisse werden dann in zwei komplexeren Abschlussarbeiten noch einmal unter Beweis gestellt und anschließend mit einem Lern-Zertifikat bescheinigt. »Nicht nur die Kinder und Jugendlichen erwerben neue Fähigkeiten, auch wir als Betreuerinnen und Betreuer lernen unglaublich viel«, sagt Markus Palic. Der Elektroingenieur war in seinem Arbeitsleben Vorstand und Geschäftsführer eines Versorgungsunternehmens, in der OJW betreut er jetzt die Themen Elektrik und Energie. »Die elektrischen Anlagen mehrerer Gebäude habe ich zusammen mit geflüchteten Jugendlichen erneuert«, erzählt Markus Palic.

Und die sind mittlerweile eine feste Besuchergruppe in der Jugendwerkstatt. »Im Herbst 2015 haben wir einen Förderantrag beim Integrationsbüro Karlsruhe gestellt, der auch genehmigt wurde«, sagt Peter Eyerer. Unbegleitete minderjährige

Flüchtlinge, so die Idee, sollten im Projekt Gescha »Gemeinsam schaffen – Integration von ausländischen Jugendlichen« ihre handwerklichen Fähigkeiten ausbauen. Geplant waren zunächst 18 Samstagstermine, »aber den Kinder und Jugendlichen gefällt es so gut, dass sie einfach bei jeder Gelegenheit zu uns kommen«, lacht Dörthe Krause. Die Begrenzung auf nur 18 Termine lässt sich deshalb gar nicht mehr durchhalten – und die Tatsache, dass die Kinder so begeistert sind vom angeleiteten Handwerken, verstehen die OJW-Akteurinnen und -Akteure als klare Bestätigung ihres pädagogischen Angebots. So lernen die Jugendlichen aus Syrien und Afghanistan, aus Nigeria und dem Irak zusammen mit deutschen Altersgenossen die verschiedenen Arbeitsfelder der Jugendwerkstatt kennen. »Wenn zwei Flüchtlinge, ein deutsches Kind und ein betreuender Vater zusammen einen Fahrradständer bauen, dann ist das gelebte Integration«, sagt Peter Eyerer.

An manchen Tagen sind über 30 Kinder und Jugendliche im alten Steinbruch zu Besuch. »Die meisten sind Jungs«, sagt Dörthe Krause, »aber mit dem Angebot der Schmuck- und Edelmetallwerkstatt sprechen wir in letzter Zeit verstärkt Mädchen an.« Auch die Astronomie-Angebote seien für Mädchen offenkundig interessant. Das zeigt sich vor allem unter der Woche, wenn die OJW-Betreuer mit TheoPrax-Projektgruppen an verschiedenen Schulen zusammenarbeiten oder sich beim Tag der offenen Tür einer Bildungseinrichtung präsentieren. Sie stoßen damit als außerschulischer Lernort und Kooperationspartner bei den Lehrerinnen und Lehrern auf großes Interesse – denn in der Jugendwerkstatt kann, mobil vor Ort oder stationär im Grünwettersbacher Steinbruch, eine ganz andere Lernmotivation vermittelt werden als in einer normaler Schule. Dank großzügiger Spender und Sponsoren, sagt OJW-Vorstand Peter Eyerer, könne man dabei auf einen umfangreichen Maschinen- und Werkzeugbestand zurückgreifen.

Das gemeinsame Handwerken von Flüchtlingskindern und deutschen Jugendlichen, so zeigt sich in der Praxis immer wieder, ist dabei die ideale Basis zum Aufbau von Kontakten und zum Abbau von Vorurteilen – nicht nur zwischen den Nationalitäten, sondern auch zwischen den Generationen. »Die Jugendlichen haben durchgängig eine ausgeprägte und sehr schnelle Auffassungsgabe und sind unglaublich motiviert«, stellt Markus Palic fest. Und so ist es vielleicht kein Wunder, dass die Idee der OJW mittlerweile auch an anderen Orten Anklang findet: In Ladenburg und im saarländischen St. Ingbert sind mittlerweile ebenfalls OJWs entstanden, und auch im Kraichgau und in Österreich sind erste Jugendwerkstätten geplant (vgl. www.theo-prax.de; www.offene-jugendwerkstatt.de).

Mit traumatischen Erfahrungen umgehen

Fast jedes dritte Flüchtlingskind kämpft mit den Folgen eines Traumas. Die Schulen fangen die Betroffenen nicht nur auf, sondern können auch verhindern, dass das Trauma sich verschlimmert.

Die besondere Situation unbegleiteter minderjähriger Flüchtlinge

»Liebe Jugendliche, lieber Jugendlicher, herzlich willkommen in Deutschland! Wir hoffen, dass du gut und gesund angekommen bist und möchten dir nach deiner Ankunft in Deutschland helfen. Vor einigen Jahren sind wir selbst als Jugendliche nach Deutschland gekommen und deshalb können wir uns vorstellen, wie du dich jetzt fühlst.« So beginnt eine Broschüre für unbegleitete minderjährige Flüchtlinge, im Behördenjargon als »umF« bezeichnet. Acht Jugendliche haben sie in Zusammenarbeit mit dem Bundesfachverband Unbegleitete Minderjährige Flüchtlinge e.V. geschrieben. Die Autoren sind selbst aus ihren Heimatländern Iran, Irak, Somalia und Afghanistan geflohen und informieren in kindgerechter Sprache auf Deutsch, Französisch, Englisch, Dari, Vietnamesisch, Arabisch, Somali und Russisch hauptsächlich über die Rechte, die zugewanderte Kinder und Jugendliche in Deutschland haben. Sie erzählen aber auch vom neuen Land und seinen Einwohnerinnen und Einwohnern:

»Viele Deutsche sind zurückhaltend und wirken verschlossen. Und die Privatsphäre ist wichtig für sie. Sie sind nicht so offen, wie die Menschen in unseren Heimatländern zu anderen sind. Aber viele Deutsche sind sehr hilfsbereit und freundlich, wenn man sie besser kennen lernt. Für die Deutschen ist Pünktlichkeit ganz wichtig. Sie planen immer alles, nicht so wie in unseren Heimatländern, wo vieles wie z.B. Termine und Besuche ohne Plan gemacht wird. In Deutschland sind Regeln und Ruhezeiten sehr wichtig, z.B. die Ruhezeit ab 22 Uhr. Oder man muss z.B. immer ein Ticket für die U-Bahn oder den Bus kaufen. Viele Deutsche stehen sehr früh auf und jeder hat etwas zu tun. Dabei sind sie unabhängig vom Wetter. Das Wetter ist im Winter sehr kalt und es ist wichtig, dass du dich warm anziehst, sonst wirst du krank« (Bundesministerium für Migration und Flüchtlinge 2016 d).

So liebevoll die Willkommensbroschüre geschrieben ist, so schwierig ist die Situation unbegleiteter Minderjähriger in Deutschland.

Ein paar Fakten und Zahlen:
Als unbegleitete minderjährige Flüchtlinge werden Menschen bezeichnet, die noch nicht volljährig sind und ohne sorgeberechtigte Begleitung aus ihrem Heimatland in ein anderes Land flüchten oder dort zurückgelassen werden. Die Minderjährigen werden beispielsweise allein von ihren Familien nach Europa geschickt, sie haben ihre Angehörigen zuvor im Krieg verloren oder verlieren sie während der Flucht.

Im Jahr 2014 wurden beim Bundesamt für Migration und Flüchtlinge 4398 Asylerstanträge von unbegleiteten Minderjährigen unter 18 Jahren entgegengenommen. Das sind nur 2,2 Prozent der insgesamt rund 203 000 gestellten Anträge. Von diesen Erstanträgen entfielen rund 77 Prozent auf Minderjährige über 16 Jahre (16 und 17 Jahre alt) und 23 Prozent auf unbegleitete Minderjährige unter 16 Jahren (vgl. Praschma 2015).

2015 waren es insgesamt 14 439 Erstanträge von unbegleiteten Minderjährigen, was einem prozentualen Anteil an der Gesamtzahl von rund 3,27 Prozent entspricht (vgl. bumf 2016 c).

Die Zahl der Erstanträge gibt jedoch bei Weitem nicht die Anzahl der tatsächlich eingereisten unbegleiteten Minderjährigen wieder. Die Frankfurter Allgemeine Zeitung berichtet von 57 376 unbegleiteten minderjährigen Flüchtlingen, die bis November 2015 nach Deutschland gekommen sind (Altenbockum 2015). Insgesamt befanden sich zum Stichtag 29. Februar 2016 rund 69 000 unbegleitete minderjährige und junge volljährige Flüchtlinge in Maßnahmen der Kinder- und Jugendhilfe (bumf 2016 b). Nicht ersichtlich ist die Zahl der Minderjährigen, die keine Leistungen der Jugendhilfe erhalten, etwa, weil sie in Notunterkünften, Gemeinschaftsunterkünften oder bei Verwandten untergebracht sind.

Die Entwicklung der rechtlichen Vorgaben für junge Zugewanderte in Deutschland

1992

Die UN-Kinderrechtskonvention wird nur unter Vorbehalt genehmigt, da die Bundesregierung Flüchtlingskindern nicht dieselben Rechte wie deutschen Kindern zugestehen will. Es folgen lange politische Diskussionen zur Verbesserung der Situation von Kindern und Jugendlichen, die ohne Eltern oder andere Sorgeberechtigte ins Bundesgebiet eingereist sind.

2005

Die Neufassung des Inobhutnahmegesetzes (§ 42 Sozialgesetzbuch VIII) tritt in Kraft. Von nun an ist das Jugendamt berechtigt und verpflichtet, ein Kind oder einen Jugendlichen in seine Obhut zu nehmen, wenn sich weder Personensorge- noch

Erziehungsberechtigte im Inland aufhalten. Im Mittelpunkt des gesetzlichen Auftrags steht dabei ein qualifiziertes Verfahren für alle unbegleiteten Minderjährigen, das feststellt, ob die Durchführung des Verteilungsverfahrens das Kindeswohl gefährden würde. Dadurch ergibt sich eine deutliche Verbesserung der rechtlichen Situation von 16- und 17-Jährigen ohne Eltern (bumf 2016 a).

2005 – 2010
Umsetzung des Nationalen Aktionsplanes für ein kindergerechtes Deutschland, der Maßnahmen, zur Erstversorgung, zur Vormundschaftsbestellung, zur altersgerechten Unterbringung und zur Bildung vorschlägt (Bundesministerium für Familie, Senioren, Frauen und Jugend 2006).

2010
Die Bundesregierung nimmt ihre Vorbehalte zur UN-Kinderrechtskonvention offiziell zurück. Seitdem gilt die Kinderrechtskonvention auch in Deutschland uneingeschränkt.

2011
Das Gesetz zur Regelung einer Aufenthaltsgewährung von «gut integrierten Jugendlichen und Heranwachsenden« (§ 25a Aufenthaltsgesetz) tritt in Kraft.

2013
Im Koalitionsvertrag mit der CDU/ CSU setzt die SPD durch, dass die Handlungsfähigkeit im Asyl- und Aufenthaltsrecht von jungen Flüchtlingen von 16 auf 18 Jahre angehoben wird und für unbegleitete minderjährige Flüchtlinge der Vorrang des Jugendhilferechts gelten soll (Koalitionsvertrag 2013: 77). Laut § 80 des Aufenthaltsgesetzes richtet sich die Bewertung der Voll- oder Minderjährigkeit von Zugewanderten nach den Vorschriften des Bürgerlichen Gesetzbuches. Umgesetzt wird das Vorhaben 2015 im Gesetz zur Verbesserung der Unterbringung, Versorgung und Betreuung ausländischer Kinder und Jugendlicher.

Das Gesetz zur Regelung einer Aufenthaltsgewährung von »gut integrierten Jugendlichen und Heranwachsenden« (§ 25a Aufenthaltsgesetz) wird erneuert. Danach kann ein junger Mensch bis zum Alter von 21 Jahren einen Antrag auf eine Aufenthaltserlaubnis stellen, wenn er vier Jahre erfolgreich die Schule besucht hat oder einen Schul- oder Berufsabschluss vorweisen kann. Zuvor waren es sechs Jahre.

2015

Das Gesetz zur Verbesserung der Unterbringung, Versorgung und Betreuung ausländischer Kinder und Jugendlicher tritt in Kraft. Unbegleitete minderjährige Flüchtlinge
werden wie Erwachsene über eine Quotenregelung bundesweit verteilt (§ 42b). Bisher
gilt das Prinzip der Unterbringung am Ankunftsort. Die Bundesregierung muss heftige
Kritik einstecken. »Kommunen, in denen bisher keine unbegleiteten Minderjährigen
betreut wurden, müssen nun die notwendige Infrastruktur schaffen – von Aufnahmeeinrichtungen über Bildungsangebote bis zu Therapiemöglichkeiten. Das Personal
muss qualifiziert und geschult werden. Dafür bleibt kaum Zeit«, heißt es im Bundesfachverband Unbegleitete Minderjährige Flüchtlinge. »Die Berücksichtigung der individuellen Situation eines jeden einzelnen Jugendlichen darf nicht hinter die Erfüllung
einer statistischen Quote zurücktreten«, heißt es bei der Stiftung Pro Asyl (Pro Asyl
2015).

2016

Asylpaket II: Der Familiennachzug für Antragstellende mit subsidiärem Schutz (Menschen, in deren Situation weder Schutz durch Asyl noch durch die Zuerkennung der
Flüchtlingseigenschaft gewährt werden kann, die aber aus humanitären Gründen
nicht abgeschoben werden sollen) wird für zwei Jahre ausgesetzt. Es gibt die Möglichkeit, in Härtefällen auch bei minderjährigen Flüchtlingen mit eingeschränktem
Schutz einen Nachzug der Eltern zu erlauben. Außerdem werden Minderjährige, die
in Aufnahmeeinrichtungen und Gemeinschaftsunterkünften untergebracht sind, besser vor
Übergriffen und sexuellem Missbrauch geschützt: Personen, die in diesen Einrichtungen tätig
sind, müssen zukünftig ein erweitertes Führungszeugnis vorlegen (Bundesregierung 2016).

Der Weg von der Ankunft zum Asylverfahren

Unbegleitete Minderjährige, die nach dem 1. November 2015 nach Deutschland eingereist sind, werden durch das örtlich zuständige Jugendamt zunächst vorläufig in
Obhut genommen. Das Jugendamt bringt die Minderjährigen meist in Jugendhilfeeinrichtungen unter. Dort wird das Alter der Flüchtlinge festgestellt. Die angewendeten
Methoden sind unterschiedlich und reichen von einer reinen Altersschätzung über
eine körperliche Untersuchung bis zu radiologischen Untersuchungen der Handwurzel,
des Gebisses oder des Schlüsselbeins.

Das Jugendamt versucht dann einzuschätzen, ob die Durchführung des Verteilungsverfahrens im Hinblick auf die physische und psychische Belastung zu einer Kindeswohlgefährdung führen würde. Außerdem fragt es nach Verwandten im In- und Ausland, um die Möglichkeit der Familienzusammenführung feststellen zu können. Bestehen enge soziale Bindungen zu anderen unbegleiteten Minderjährigen, prüft das Jugendamt laut Bundesamt für Migration und Flüchtlinge, ob eine gemeinsame Verteilung und Unterbringung der jungen Menschen möglich ist. In der Regel wird zudem eine ärztliche Stellungnahme zum Gesundheitszustand des/der Minderjährigen eingeholt (Bundesamt für Migration und Flüchtlinge 2016 b).

Anschließend werden die Kinder und Jugendlichen – sofern keine Gründe dagegen sprechen – innerhalb von 14 Tagen bundesweit verteilt. In der zugewiesenen Gemeinde übernimmt das dortige Jugendamt die Inobhutnahme, wieder werden die Kinder und Jugendlichen meist in Jugendhilfeeinrichtungen untergebracht.

Während der Inobhutnahme wird ein Vormund beantragt: Ob und wer die Vormundschaft übernimmt, entscheidet das Familiengericht, diese besteht in der Regel bis zur Volljährigkeit. Außerdem wird der Aufenthaltsstatus geklärt: Dabei wird abgewogen und entschieden, ob ein Asylantrag gestellt wird. Ist ein Asylverfahren für die Minderjährige oder den Minderjährigen nicht erfolgversprechend, kann durch die zuständige Ausländerbehörde eine Duldung ausgestellt werden, um den Betroffenen die Tortur der Befragungen in einem Asylverfahren zu ersparen. Falls dies auch nicht in Frage kommt, berät die Ausländerbehörde über andere aufenthaltsrechtliche Möglichkeiten. Dann werden weitere Schritte eingeleitet wie zum Beispiel die eigentliche Antragstellung beim Bundesamt für Migration und Flüchtlinge. Unbegleitete Minderjährige erhalten als besonders schutzbedürftige Personengruppe spezielle Garantien für ihr Asylverfahren. Nur eine Minderheit der in Obhut genommenen unbegleiteten Minderjährigen geht tatsächlich in ein Asylverfahren. »Ihr Verfolgungsschicksal und ihre Fluchterfahrung erfordern eine besondere Rücksichtnahme sowie eine sensibilisierte Herangehensweise. Deswegen werden ihre Asylverfahren von sogenannten Sonderbeauftragten betreut« (Bundesamt für Migration und Flüchtlinge 2016 b).

Traumatisierung als Folge der Flucht
Unbehandelte psychische Störungen bei Flüchtlingen aus Bürgerkriegsregionen bedrohen erfolgreiche Integration. »Mit einer Traumafolgestörung hat man mehr

Schwierigkeiten, eine neue Sprache zu lernen, eine Ausbildung zu machen, einer Arbeit nachzugehen«, sagt Frank Neuner, Professor für klinische Psychologie und Psychotherapie der Universität Bielefeld. Natürlich sind nicht nur unbegleitete Kinder und Jugendlichen von den Traumata betroffen. Auch im Familienbund oder für Erwachsene können Erlebnisse traumatisierend sein. Neuner verweist auf Schätzungen, wonach 20 bis 40 Prozent der Erwachsenen und 20 bis 30 Prozent der Kinder der Flüchtlinge von sogenannten Traumafolgestörungen betroffen sind. Diese können etwa durch selbst erlebte oder beobachtete Gewalt, Kriegshandlungen, Vergewaltigung oder Misshandlungen ausgelöst werden. Bezogen auf die Zahl der Flüchtlinge, die 2015 in Deutschland ankamen, wären das »nach konservativer Schätzung 200 000 Behandlungsbedürftige«, sagt Neuner (dpa 2016). Mit den bestehenden Strukturen ist Deutschland laut Neuner dieser Aufgabe nicht gewachsen: An den spezialisierten Zentren für Folteropfer und Kriegsflüchtlinge bundesweit gebe es lediglich 4000 Plätze. Niedergelassenen Psychotherapeuten fehle es neben der Kompetenz für diese Klientel auch an Interesse, da sie weitgehend ausgelastet seien und die Sprachbarriere scheuten. Jedoch haben Flüchtlinge nach Angaben der Neuen Gesellschaft für Psychologie ein Recht auf qualifizierte psychotherapeutische Behandlung. »Anders als in der Begründung des Gesetzes zum Asylpaket II behauptet, stellt die Posttraumatische Belastungsstörung zweifelsfrei eine erhebliche, schwerwiegende und oft lebensbedrohliche Erkrankung dar. Dies zu leugnen, bedeutet eine eklatante Missachtung wissenschaftlicher Erkenntnisse.« Die Mitglieder der Neuen Gesellschaft für Psychologie kritisieren, dass es oft nicht möglich sei, eine Diagnose zu stellen, bevor die Abschiebung vollzogen wird. »Insbesondere wenden wir uns gegen die 14-Tage-Frist, innerhalb derer Flüchtlinge alle Untersuchungen absolviert und Gutachten über eine psychische Krankheit eingeholt haben sollen. [...] Traumatisierte Geflüchtete müssen verlässlich ein Aufenthaltsrecht erhalten. Die Beendigung der traumatisierenden Situation, ein sicherer Ort und eine sichere Lebenssituation sind unabdingbare Voraussetzungen für die Behandlung traumatischer Störungen. Das gilt besonders für Kinder und Jugendliche. Das Gesetz erhöht die Gefahr einer erneuten Traumatisierung und einer erheblichen Verschlimmerung des Krankheitsbildes. Die Menschenwürde und das Recht auf Unversehrtheit von Leib und Leben werden verletzt« (Neue Gesellschaft für Psychologie 2016).

Die Medizin definiert ein Trauma als »ein belastendes Ereignis oder eine Situation außergewöhnlicher Bedrohung oder katastrophenartigen Ausmaßes (kurz oder langanhaltend), die bei fast jedem eine tiefe Verzweiflung hervorrufen würde« (Hargasser

2014: 23). Infolge eines Traumas wird häufig eine Posttraumatische Belastungsstörung diagnostiziert.

Allerdings folgen die Traumata aus Krieg und Zwangsmigration keinem festgelegten Symptomkatalog. Der Mediziner, Psychoanalytiker, Schriftsteller und Pädagoge Hans Keilson erweiterte den Trauma-Begriff daher um einen sozialen und politischen Charakter sowie die zeitliche Dimension des Traumatisierungsprozesses (vgl. Hargasser 2014: 27). Demnach ist ein Trauma nicht nur ein plötzlich auftretendes, erschütterndes Ereignis, sondern eine »traumatische Situation mit lange anhaltenden extremen Belastungsaspekten« (Hargasser 2014: 28). Aus der Studie von Keilson resultiert für Expertinnen und Experten, dass »die Zeit nach der unmittelbaren Verfolgung einen wesentlichen Teil der traumatischen Erfahrung bildet«. Der Autor weist den vorzufindenden Bedingungen entscheidende Bedeutung für den Verlauf der weiteren Entwicklung der Flüchtlinge zu. »Die Aufnahmebedingungen und die Versorgung nach der Flucht sind in erheblichem Maße verantwortlich für die psychischen Belastungen, unter denen Flüchtlinge leiden« (Hargasser: 2014: 34).

Dieses Traumakonzept hat laut Brigitte Hargasser entscheidende Konsequenzen für den Umgang mit unbegleiteten minderjährigen Flüchtlingen, denn es legt den Fokus eindeutig auf die Ankunft und die Lebensbedingungen in Deutschland. Ihre Schlussfolgerung: »Schlechte Aufnahmebedingungen können sich für unbegleitete minderjährige Flüchtlinge katastrophaler auswirken als das Ausmaß und die Stärke vorhergehender Traumatisierungserfahrungen« (Hargasser 2014: 225).

Neben Therapieangeboten und der Unterstützung der Kinder und Jugendlichen durch die Eltern spielen die Schulen eine besondere Rolle. Denn hier wird die Herausforderung besonders deutlich: Die Lehrerinnen und Lehrer müssen die teils schwer traumatisierten Kinder und Jugendlichen integrieren. Nur: Wie geht man mit jemandem um, der nur den Krieg kennt und vielleicht schon erlebt hat, wie Angehörige im Bombenhagel gestorben sind, der Gewalt und Ängsten ausgesetzt war, die man zu Recht als unmenschlich bezeichnen kann? Viele Pädagoginnen und Pädagogen reagieren mit Angst und Mutlosigkeit auf die neue Situation. »Das Thema Flucht auf keinen Fall ansprechen, sonst reiße ich Wunden auf«, heißt es häufig. Oder: »Wenn er in der Klasse davon erzählen will, soll er es tun, aber ich bin ja kein Psychologe und habe keine Ahnung, was ich tun soll, wenn er dann ausflippt.«

Der Kinder- und Jugendpsychiater Hubertus Adam beschreibt die eventuellen Lern-schwierigkeiten im Unterricht aufgrund von Traumata: »Die Kinder haben oft Konzen-trationsstörungen und sind abgelenkt, in sich gekehrt oder verträumt. Manche sind nicht nur ›liebe, brave depressive Opfer‹, sondern aggressiv, richten ihre Wut und Verzweiflung nach außen und werden deshalb von anderen abgelehnt. Flüchtlings-kinder sind aber nicht nur geschädigt. Sie haben überlebt und wollen nicht nur als schwach angesehen werden. Manche Kinder entwickeln sich in ganz schwierigen Bedingungen gut. Es geht dann darum, ihre Resilienz, also die psychische Wider-standsfähigkeit, und die Ressourcen der Kinder und Jugendlichen zu erkennen« (Bil-dungsklick 2016).

Bei der Betreuung von traumatisierten Flüchtlingskindern können Schulen nach Ansicht des Trauma-Experten Georg Pieper eine Schlüsselrolle übernehmen. Dass Lehrerinnen und Lehrer diese Aufgabe der Traumabewältigung übernehmen, sei zudem der einzige realistisch gangbare Weg – es gebe keine Kapazitäten, für alle betroffenen Flüchtlings-kinder einen Therapieplatz zur Verfügung zu stellen. Er schätzt, dass zwei Drittel der Flüchtlingskinder traumatisiert im Sinne einer posttraumatischen Belastungsstörung sind (dpa 2015 b). »Für die Lehrer ist es zunächst schwierig, die Situation richtig einzuschät-zen und damit umzugehen. Wenn Kinder Krieg oder Erschießen spielen, sind die Betreuer oft vollkommen überfordert. Dabei spielen traumatisierte Kinder häufig das, was sie erlebt haben, immer wieder durch. Lehrer sollten sich davon nicht erschüttern lassen, es ist ein Ausdruck der Nöte und Qualen der kindlichen Seele. Diese Art der Beschäftigung mit schlimmen Erlebnissen kann sogar hilfreich sein. Das gilt aber nur dann, wenn die Kinder darin unterstützt werden, einen positiven Ausgang für die gespielten Szenen zu finden.« Pieper appelliert an die Lehrerinnen und Lehrer, verständnisvoll mit betroffenen Kindern und Jugendlichen umzugehen. »Es gibt recht einfache therapeutische Mittel, die Lehrer lernen und in den Vorbereitungsklassen einsetzen können. Sie können Kinder zum Bei-spiel mit traumapädagogischem Hintergrundwissen anleiten, Bilder von einer schlimmen Situation zu malen – immer wieder neu, bis die Bilder in eine positive Richtung führen«, rät Pieper. Doch Lehrerkräfte müssten geschult werden, und dafür brauche es Geld. »Zur Willkommenskultur gehört unbedingt auch die Bereitschaft, sich mit den Traumata der Flüchtlinge auseinanderzusetzen«, sagt Pieper. Kinderpsychiater Adam rät Lehrerinnen und Lehrern: »Einerseits muss man sich vorbereiten, andererseits wird es bestimmte Situationen geben, die auszuhalten sind. Lehrerinnen und Lehrer sollten hier auf jeden Fall Unterstützungsangebote wie Supervision bekommen.«

Das Kultusministerium Baden-Württemberg hat eine umfangreiche Handreichung für den Umgang mit Flüchtlingskindern in der Schule entwickelt. In der ganz auf die Fragen der Lehrkräfte zugeschnittenen Broschüre werden mögliche Anzeichen für eine Traumatisierung benannt:

→ Das Kind ist scheu, sehr zurückgezogen, spricht kaum und beteiligt sich nicht an gemeinsamen Aktivitäten.

→ Das Kind ist sehr unruhig, läuft viel hin und her, ist schreckhaft und leicht reizbar.

→ Das Kind ist aggressiv gegenüber sich selbst oder anderen.

→ Das Kind ist oft krank, klagt über Kopf- oder Bauchschmerzen.

→ Das Kind ist ungewöhnlich reif, schlüpft in die Rolle von Erwachsenen.

→ Das Kind »fällt zurück in eine frühere Entwicklungsstufe«.

Die Handreichung gibt Lehrerinnen und Lehrern außerdem diverse Tipps zu Alltagssituationen und kulturellen Missverständnissen und versucht die Balance zu halten zwischen dem Verständnis für die Kinder und Jugendlichen und der Aufgabe der Lehrerkräfte, diese zu integrieren.

Experte Georg Pieper macht Lehrerinnen und Lehrern Mut: »Kinder sind sehr formbar. Sie haben in der Regel recht gute Chancen, sich im Laufe der Zeit zu stabilisieren, wenn alle Gegebenheiten stimmen. Wichtig ist, dass sie sich sicher, willkommen und akzeptiert fühlen. Und sie müssen das Erlebte verarbeiten, indem sie darüber reden, es aufschreiben oder Bilder malen. Traumatische Erfahrungen sollten nicht verdrängt werden – das führt nur zur Verschlimmerung der Symptomatik.«

Zu Besuch am Beruflichen Schulzentrum Regensburger Land

Unbegleitete minderjährige Flüchtlinge dürfen in diesem Schulzentrum auch mal den Ton angeben.

Einmal Lehrer sein, nicht Schüler. Einmal selbst bestimmen, statt bestimmt zu werden. Das ist im Projekt »mir san mer« in Regensburg möglich. Die große Freiheit schlummert für die Zugewanderten an einem eher unscheinbaren Ort: im Altersheim. Sieben Schülerinnen und Schüler der Berufsintegrationsklasse am Staatlichen Beruflichen Schulzentrum Regensburger Land besuchen dort einmal im Monat die Seniorinnen und Senioren und verbringen Zeit mit ihnen. Manchmal spielen sie Mensch ärgere dich nicht, manchmal unterhalten sie sich. Der große Moment kommt für die Berufsschülerinnen und Berufsschüler aber in der Präsentation. Auf kleinen Plakaten erzählen sie dann den Zuhörerinnen und Zuhörern von ihrem Heimatland. Auch Kamal aus Afghanistan ist dabei. Auf einer Landkarte zeigt er, wo er früher gewohnt hat, danach folgen Fotos, auf denen die traditionelle afghanische Hochzeitstracht zu sehen ist. Auch die landestypischen Spezialitäten wie Bolani, mit Kartoffeln und Lauch gefüllte Teigtaschen, zeigt und beschreibt er. »Die Omas wissen nichts über unsere Länder«, sagt er später. Deshalb fühle man sich sehr gut während des Vortrags – eben »wie ein Lehrer«, sagt Kamal.

Um für dieses Buch von dem Projekt zu erzählen, sind Kamal und sein Freund Fadi in den Schulferien aus ihrer Flüchtlingsunterkunft ins Regensburger Kolping-Bildungswerk gekommen. Die beiden heißen eigentlich anders, sind 16 Jahre alt und haben sich auf der Flucht aus Afghanistan in Griechenland kennengelernt. Da beide ohne Familie unterwegs waren, bestritten sie den restlichen Weg bis Passau und schließlich nach Regensburg gemeinsam. Seit sieben Monaten leben sie nun in Deutschland – und würden sehr gern bleiben. Richtig fit ist Kamal schon in Deutsch. »Nur die Artikel kenne ich nie«, sagt er.

Seine Klassenlehrerin ist auch ins Kolping-Bildungswerk gekommen. Mit ihrem Engagement, sich während der Schulferien um ihr Projekt und die jungen Männer zu kümmern, ist Röhrl eine Ausnahme. Ihr Ziel ist es, dass die jugendlichen Flüchtlinge regelmäßige soziale Kontakte zu den deutschen Seniorinnen und Senioren und der deutschen Kultur aufbauen. Jung trifft Alt, Deutsch trifft Afghanisch, Syrisch etc.– aus der maximalen Entfernung treffen zwei soziale Gruppen aufeinander.

»Die Schüler werden im Altersheim einfach gebraucht«, sagt sie. Deshalb gingen sie auch sehr gern immer wieder dorthin. »Sie können dort mit ihrer Anwesenheit den einsamen Senioren schon helfen und einen Beitrag leisten.« Ab und zu werden auch

Lieder gesungen. Entweder singen die Flüchtlinge ein Lied aus ihrer Heimat vor, dann lauschen die Seniorinnen und Senioren den fremden Klängen. Oder sie singen die Vogelhochzeit – »Spätestens bei ›Fiderallala‹ können dann alle einsteigen«, sagt Röhrl.

Das Projekt soll außerdem das Interesse der Flüchtlinge an den Pflegeberufen wecken. Wer teilnimmt, erhält eine Urkunde, die aus beruflicher Perspektive ein positives Signal in der Bewerbung setzen kann. Kamal und Fadi würden gern später einmal als Altenpfleger arbeiten. Dabei wussten sie beide bis vor einem Jahr nicht einmal, dass es diesen Beruf überhaupt gibt. »Bei uns leben alle Menschen immer in ihren Familien, weil die Frauen nicht arbeiten gehen«, sagt Kamal. Altersheime gebe es dort überhaupt nicht. Anfangs reagierten sie mit völligem Unverständnis darauf, dass Kinder ihre Eltern ins Pflegeheim geben, um selbst arbeiten zu können. »Die Pfleger übernehmen aber auch medizinische Versorgung, die man zuhause nicht erledigen kann«, versucht Röhrl zu erklären, dass gerade die Frauen in Europa keine Rabentöchter sind. Und wenn sie dann regelmäßig bei ihrer Mutter vorbeischauen, dann sei das doch auch gut. »Ja stimmt, wir haben mit einer 99 Jahre alten Frau gesprochen, die sehr fröhlich war«, sagt Fadi. Sie habe die beiden auch im Mensch ärgere dich nicht geschlagen.

Die Bertelsmann Stiftung zeichnete das Projekt im März 2016 im Integrationswettbewerb »Alle Kids sind VIPs« aus. Aus mehr als 160 Projekten mit dem Schwerpunkt »Engagement für Flüchtlinge« entschied sich die Jury aus Jugendlichen unter anderem für die Idee aus Bayern. »Die Treffen beider Gruppen sorgen für anregende Gespräche und schaffen gegenseitigen Respekt und Toleranz«, heißt es in der Begründung.

Aber die jungen Männer kommen in ihrer neuen Umgebung nicht nur mit den Senioren ins Gespräch. Für Kamal und Fadi heißt der Türöffner gemeinsames Kochen und Essen. Das braucht nicht viele Worte, aber umso mehr Teamgeist. Der Berufsschüler und Mitschüler von Kamal und Fadi, Pascal Haeder, kam auch schon in den Genuss fremdländischer Spezialitäten. »Wir haben gemeinsam Couscous gekocht«, erzählt er im Kolping-Bildungswerk von einer Begebenheit und die beiden Afghanen lachen los. »›Couscous‹ nennt man auf Afghanisch einen bestimmten Körperteil einer Frau. Das war sehr komisch, etwas zu essen, was so heißt.« So lernen sich Menschen aus völlig verschiedenen Kulturkreisen kennen – und schließen Freundschaft. Pascal *macht eine Ausbildung zum Erzieher und gibt seinen Mitschülern Kamal und Fadi während der Schulzeit Nachhilfe. 45 Minuten pro Woche – dienstags in der Pause – sitzen sie zusammen und machen entweder Übungen in Deutsch oder Mathematik oder unterhalten sich. »Was man so am Wochenende gemacht hat, oder was man für Hobbys hat eben«, sagt Pascal. »Einige meiner Mitschüler und ich wollten den Flüchtlingen helfen. Da kamen wir auf die Idee mit der Nachhilfe.« Auch er selbst profitiere sehr von den neuen Kontakten. »Ich habe so krassen Respekt vor der Flucht und was die alles schon durchgemacht haben«, sagt Pascal. Außerdem sei es toll, die sprachlichen Fortschritte beobachten zu können. Und so bringen sie sich gegenseitig auch mal die typische Jugendsprache ihrer Heimatländer bei und machen gemeinsam das, was Jungs in dem Alter eben tun: rumblödeln, YouTube-Videos anschauen und essen.*

Blick über die Landesgrenzen: Die Schweiz

Zahlenmäßig kommen nur vergleichsweise wenige Flüchtlinge in die Schweiz. Dennoch gibt es auch hier eine breite Integrationsdebatte – und die Anstrengungen der Kantone und der Schulen fallen ganz unterschiedlich aus.

Trotz aller Diskussionen: Integration auf vielen Ebenen

Die Schweiz ist klein. Wenn Integration eine Frage von Zahlen ist, so scheint die Ankunft von rund 39 500 Flüchtlingen im Jahr 2015 (vgl. Staatssekretariat für Migration 2016) winzig zu sein im Vergleich zu Deutschland mit mehr als 477 000 Asylerstanträgen 2015 (Bundesamt für Migration und Flüchtlinge 2016), auch in Relation zur Landesgröße durchaus verwaltbar. Aber wie steht es um die Integration im Land der sehr starken national-konservativen Partei SVP, des nahezu ausnahmslosen Minarettverbots und der viel diskutierten Volksinitiativen wie der gegen die Masseneinwanderung oder für die direkte Abschiebung krimineller Ausländer? »Man soll es nicht verschreien, doch bisher wurden weder Asylunterkünfte abgefackelt, noch geben albanische oder türkische Clans in Schweizer Stadtteilen den Ton an«, schreibt Kommentator Martin Beglinger in der Neuen Zürcher Zeitung (Beglinger 2016). Beglinger argumentiert, dass gerade die Volksabstimmungen als »politisches Frühwarnsystem« die Eliten des Landes davon abhalte, sich »in eine Parallelwelt zu flüchten«. Denn das Schweizerische Stimmvolk gebe mit seinen Initiativen immer wieder klare Signale an die Politik, wie der Umgang mit Zuwanderern erwünscht sei. Neben der politischen Stimmgewalt der gesellschaftlichen Mehrheit sind laut Beglinger vor allem die Schulen maßgeblich an einer erfolgreichen Integration beteiligt. »Die Schule ist auch deshalb ein unentbehrlicher Integrationsmotor, weil sie zumindest auf den unteren Stufen noch immer eine Volksschule für alle Schichten ist; eine, die nicht nur lehrt, sondern auch vereint und klar vermittelt, was toleriert wird – und was nicht« (Beglinger 2016).

Was toleriert wird und was nicht, zeigt eine Debatte, die im Kanton Baselland viel Aufmerksamkeit erregte. Zwei Schüler hatten sich aus religiösen Motiven geweigert, ihrer Lehrerin zur Verabschiedung die Hand zu geben, und damit einen Eklat ausgelöst. Denn ihre Schule, die Sekundarschule Therwil, ging vorerst auf den Wunsch der jungen Muslime ein. Sie bekamen eine Sondergenehmigung, sich auf den »mündlichen höflichen Gruß« beschränken zu dürfen. Eltern, Lehrkräfte und auch Muslime protestierten: »Ihren Forderungen nachzugeben, bedeutet, dem politischen Islam Tür und Tor zu öffnen. Das dürfen wir nicht zulassen. Wir leben hier nicht in Saudi-Arabien!«, sagt Saïda Keller-Messahli, Präsidentin des Forums für einen Fortschrittlichen Islam (Gnos 2016). Im Koran sei von einem Handschüttelverbot nicht die Rede. Die Schulbehörde des Kantons hob die Genehmigung später auf. Die rechtliche Prüfung hatte ergeben, dass das öffentliche Interesse bezüglich der Gleichstellung von Mann und Frau sowie die Integration von Ausländerinnen und Ausländern die Glaubensfreiheit überwiege – so hieß es in der Entscheidung.

Solche Debatten zeigen, wie unsicher der Umgang vieler Schulen mit dem Islam und damit auch mit den meisten Flüchtlingen ist. Die Sekundarschule Therwil teilte übrigens später mit, dass sie über die »Klarheit für das weitere Vorgehen« erleichtert sei.

Eine gesamtschweizerische Strategie für die Integration der Flüchtlingskinder gibt es jedoch weder für die Volksschule noch für die Sekundarstufe II. Es liegt bei den Kantonen und bei den Schulen selbst, ihre zugewanderte Schülerinnen und Schüler in das bestehende System zu integrieren.

Vor allem in der deutschsprachigen Schweiz wird in allen Kantonen ein ganzheitliches Integrationssystem angestrebt. Neben der rein schulischen Eingliederung steht die praxisbezogene Berufsbildung im Fokus beziehungsweise – gemäß dem für die Schweiz spezifischen Berufsbildungserfolgsmodell – die betriebliche Integration. (In der Schweiz beträgt die Maturitätsquote nur etwa 20 Prozent, über 70 Prozent der Lernenden absolvieren eine Berufslehre.) Um diese zu erreichen, gibt es für Schülerinnen und Schüler nach der obligatorischen Schulzeit – in Ausnahmefällen auch für Erwachsene – verschiedene Angebote: nachholbildende Praktika und Vorlehren mit dem Ziel, später eine normale Berufslehre oder eine zweijährige berufliche Ausbildung mit Attest zu absolvieren. Die zweijährige berufliche Grundbildung schließt in der Regel mit einem Qualifikationsverfahren ab und führt zum Eidgenössischen Berufsattest (EBA). Sie ist so ausgestaltet, dass die Angebote den unterschiedlichen Voraussetzungen der Lernenden besonders Rechnung tragen. Der passende Beruf soll je nach Fähigkeiten und Neigungen gewählt werden. Die Grundbildung EBA ist für praktisch begabte Jugendliche gedacht. Eine erfolgreich abgeschlossene berufliche Grundbildung mit Berufsattest ermöglicht neben dem Einstieg ins Erwerbsleben auch den Übertritt in eine drei- oder vierjährige Grundbildung. Diese normalen Berufslehren, also drei- bis vierjährige berufliche Grundbildungen, schließen mit einem Qualifikationsverfahren und einem Eidgenössischen Fähigkeitszeugnis (EFZ) ab. Für Schülerinnen und Schüler mit guten schulischen Leistungen besteht nach einer Aufnahmeprüfung die Möglichkeit zum gleichzeitigen oder späteren Besuch der Berufsmaturitätsschule. Diese wiederum erlaubt den Zugang zu einer Fachhochschule oder via Passerelle ein Studium an einer Universität. Die abgeschlossenen beruflichen Grundbildungen mit EFZ ermöglichen auch den Zugang zu Berufsprüfungen, höheren Fachprüfungen und höheren Fachschulen. »Kein Abschluss ohne Anschluss« ist die große Stärke des schweizerischen Bildungssystems.

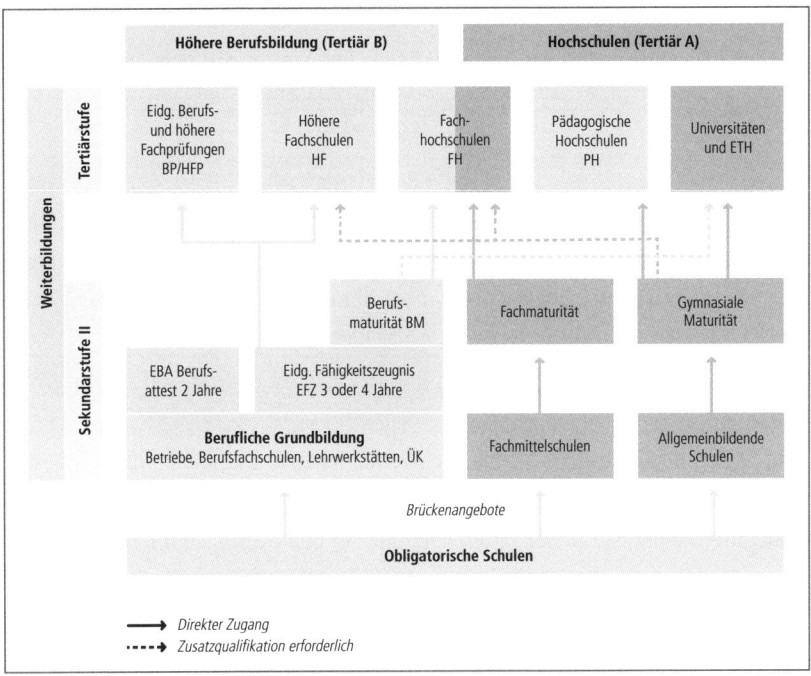

Das Bildungssystem der Schweiz (Bundesrat/SBFI)

Grundrecht auf Schule in der Schweiz

Asylsuchende wie nicht registrierte Kinder haben in der Schweiz gemäß Verfassung das Recht (Art. 19, Art. 62, Bundesverfassung), die Schule bis zur Erfüllung der Schulpflicht (9 Jahre) zu besuchen (Lubos 2014).

Beispielhaft werden hier Integrationsstrategien des Kantons Bern vorgestellt:

Primarstufe/Sekundarstufe I

Unabhängig von ihrem Aufenthaltsstatus haben alle schulpflichtigen Kinder und Jugendlichen in der Schweiz das Recht und die Pflicht, die Volksschule zu besuchen. Im Kanton Bern erfolgt die Einschulung von neuzuziehenden Kindern aus dem Asylbereich deswegen wie bei übrigen Neuzuziehenden ohne Kenntnisse der Unterrichtssprache in einen lokalen oder regionalen Intensivkurs Deutsch als Zweitsprache (DaZ) oder direkt in eine Regelklasse der Standortgemeinde mit Unterstützung durch DaZ.

Phase 1

An sämtlichen Standorten von Kollektivunterkünften, an denen eine größere Anzahl zugewanderter Kinder und Jugendlicher untergebracht ist, besuchen diese einen Intensivkurs DaZ an einer Schule der Gemeinde.

Bei Neueröffnung einer Kollektivunterkunft wird durch den Fachbereich »Besondere Maßnahmen« des Amtes für Kindergarten, Volksschule und Beratung in Zusammenarbeit mit dem Migrationsdienst und der betroffenen Gemeinde eine auf die lokalen Schulverhältnisse abgestimmte Lösung erarbeitet.

Phase 2

Neuzuziehende Kinder und Jugendliche werden je nach DaZ-Modell der Gemeinde direkt in die Regelklasse mit DaZ-Unterstützung eingeschult oder besuchen (je nach Stand ihrer Kenntnisse in der Unterrichtssprache) den (regionalen) Intensivkurs der Gemeinde, falls vorhanden (vgl. Erziehungsdirektion des Kantons Bern 2016 b).

Sekundarstufe II

Gymnasium

Im Bereich der Mittelschulen sind es im Kanton Bern zurzeit die Schulen selbst, welche die nötigen Maßnahmen für eine rasche Integration von Flüchtlingen in den Schulbetrieb vornehmen. »Es ist jedoch geplant, im Rahmen eines Pilotprojekts Spezialklassen für Migrantinnen und Migranten mit Gymnasialniveau einzusetzen, mit dem Ziel, diese zunächst intensiv in der Ortssprache zu unterrichten und ihnen erste kulturelle Landeskenntnisse zu vermitteln«, sagt Marcella Völgyi, wissenschaftliche Mitarbeiterin in der Erziehungsdirektion des Kantons Bern, Abteilung Mittelschulen und Berufsfachschulen. Bereits während des Unterrichts in der Spezialklasse soll ein teilweiser Besuch des Unterrichts am Gymnasium beziehungsweise an den Fachmittelschulen erfolgen. Die Spezialklasse hat wie in Deutschland die Willkommensklasse die rasche Integration in einer Regelklasse zum Ziel. Anschließend findet der Eintritt in das Gymnasium bzw. die Fachmittelschule allenfalls zuerst als Hospitantin oder als Hospitant vor der ordentlichen Aufnahme statt.

Berufsfachschulen

Im Bereich Berufsfachschulen besteht im Kanton Bern mit dem Angebot des »Berufsvorbereitenden Schuljahrs (BVS) Praxis und Integration« ein schulisches Brückenangebot, das auf Jugendliche und junge Erwachsene ausgerichtet ist, die noch nicht lange in der Schweiz sind. Während des Besuchs des »BVS Praxis und Integration« werden die Schülerinnen und Schüler zum einen in der Ortssprache unterrichtet und lernen die Landeskultur kennen, zum anderen werden sie auch für den Einstieg in die berufliche Grundbildung vorbereitet.

Das BVS Plus ist ein schulisches Brückenangebot für Jugendliche ohne Anschlusslösung nach dem 9. Schuljahr und zusätzlichem Unterstützungsbedarf. Es setzt sich aus Bildung, Schnuppereinsätzen in Betrieben und intensiver Begleitung zusammen.

Weiterführende Angebote

Weiterführende Angebote wie eine Vorlehre oder ein Motivationssemester (eine Arbeitsmarktmaßnahme des kantonalen Amtes für Wirtschaft und Arbeit, die sechs Monate dauert und bis auf maximal ein Jahr verlängert werden kann) können ebenfalls von Zuwanderern besucht werden, je nach Sprachstand und Aufenthaltsstatus. Die Vorlehre ist ein duales Brückenangebot für Jugendliche und junge Erwachsene ohne Anschlusslösung nach dem 9. Schuljahr. Sie besteht aus drei Tagen pro Woche Arbeit in einem Vorlehrbetrieb und zwei Tagen Unterricht in einer Berufsfachschule. In den Schulferien steigt die Arbeitszeit im Betrieb auf fünf Tage. Die Vorlehre soll in einen Ausbildungsplatz für eine Berufslehre münden. Das Motivationssemester für Jugendliche und junge Erwachsene zwischen 15 und 25 Jahren und ohne Abschluss auf der Sekundarstufe II besteht aus drei Tagen Arbeit pro Woche, eineinhalb Tagen individueller Bildung und einem halben Tag Bewerbungsunterstützung. Auch hier ist das Ziel das Erlangen einer Lehrstelle (vgl. Erziehungsdirektion des Kantons Bern 2016 a).

Mit eingewanderten Schülerinnen und Schülern, die nicht Deutsch als Erstsprache gelernt haben, hat die Schweiz schon lange zu tun – je nach Region, Stadt und Land unterschiedlich intensiv. Das kommt den Pädagoginnen und Pädagogen jetzt zu Gute: »Geflüchtete Kinder und Jugendliche werden in der Regel nach einer ersten Aufnahme in einem kantonalen Zentrum gleichmäßig auf alle Gemeinden verteilt – analog den 90er Jahren, als die Anzahl der Asylsuchenden aus Bosnien und Albanien praktisch gleich hoch war und diese ebenfalls linear zugewiesen wurden. Viele Schulen haben Erfahrung mit geflüchteten Kindern und Jugendlichen und können ihre Kompetenzen im Umgang mit Vielfalt auch für die aktuell geflüchteten Kinder und Jugendlichen nutzen«, sagt zum Beispiel der Verein Zürcher Lehrpersonen Deutsch als Zweitsprache (DaZ Zürich 2016).

Zu Besuch in der Berufs-, Fach- und Fortbildungsschule (BFF) in Bern

Ein Brückenangebot hilft Flüchtlingen beim Neustart in der Schweiz.

»Ich hasse Nuur«, sagt Nuur und meint damit eigentlich »heiße«. Seine fünf Mitschülerinnen und Mitschüler lachen und korrigieren ihn.

Es ist ein Montagvormittag in der Berufs-, Fach- und Fortbildungsschule (BFF) in Bern. Die zugewanderten Jugendlichen sind in ein Brückenangebot eingebunden – ein bis zwei Jahre zwischen Regelschule und Berufslehre. Gerade haben sie Deutschunterricht, aber weil eine Journalistin zu Gast ist, darf sich jeder erst einmal vorstellen. Außer Nuur aus Somalia sind da noch Abdulqadir, auch aus Somalia, Rahel aus Eritrea, Neslihan aus der Türkei, Yanik aus Spanien und Roshan aus Sri Lanka. Sie alle sind seit einem bis drei Jahren in der Schweiz und zwischen 16 und 18 Jahre alt. Sie wollen Automobilfachmann, Koch, Informatiker, Dachdecker, Altenpflegerin und Ärztin werden. Eigentlich sind es insgesamt 16 Schüler, für sechs Unterrichtsstunden in der Woche wird die Klasse jedoch halbiert, um die deutsche Schriftsprache intensiver lernen zu können. Heute geht es um »damals und jetzt«. Deutschlehrer Daniel Graf stellt die Zeit ohne Computer und Smartphone der jetzigen Zeit gegenüber. »Wo hättest du lieber gelebt?«, fragt er Neslihan. »Ich hätte lieber früher gelebt, weil ich gern in der Natur bin und es heute in den Städten kaum noch Platz dafür gibt«, sagt die Türkin. Sie spricht sehr gut Deutsch, obwohl sie erst anderthalb Jahre in der Schweiz lebt. Sie hat eine Vorlehre als Pharmaassistentin gemacht, später möchte sie Medizin studieren. »Das ist nicht unmöglich, aber ein sehr langer Weg«, sagt Graf. Überhaupt machen die Jugendlichen einen motivierten Eindruck. Sie erzählen von vielen Projekten, die sie in der Vorbereitungszeit vor der Ausbildung mitgestaltet haben. Neslihan erzählt vom Ehemaligentag, an dem rund 200 einstige Schülerinnen und Schüler zusammenkommen. »Sie sind uns ein Beispiel dafür, dass wir alle Möglichkeiten haben und uns nicht entmutigen lassen sollen.« Der jüngste in der Klasse, der 16 Jahre alte Roshan, erzählt von einem gemeinsamen Theaterbesuch. »Peter Pan, aber Peter Pan war krank und jemand anderes hat die Hauptrolle aus einem Buch vorgelesen«, sagt er. Die Klasse erinnert sich gemeinsam daran, sie haben schon viele Ausflüge zusammen gemacht. Das verbindet, die Stimmung ist gut. »Integration bedeutet nicht nur, die Sprache zu lernen, sondern auch an der Kultur des Landes aktiv teilzunehmen«, sagt Graf. Einige besuchten eine Ausstellung des Malers Paul Klee, das naturhistorische Museum oder hörten ein klassisches Konzert mit Musik von Johannes Brahms.

Die BFF hat zwölf Klassen im Brückenangebot. Vor anderthalb Jahren waren es nur sechs. »Den größten Anteil machen Schüler aus Eritrea aus«, sagt die Klassenlehrerin, die anonym bleiben möchte, in einem Gespräch nach dem Unterricht. Rund 30 Prozent. Bislang waren die Klassen sehr gemischt, vom Familiennachzug bis zum Diplomatensohn erhielten sie Deutschunterricht. Neuerdings kommen vor allem geflüchtete Afghanen und Syrer dazu. Obwohl Einwanderung und Integration in der Schweiz schon lange Teil der Kultur- und Bildungsgeschichte ist, stehen auch hier die Lehrerinnen und Lehrer neuen Problemen gegenüber, das größte davon: der hohe Anteil an unbegleiteten minderjährigen Flüchtlingen. Allein im Kanton Bern sei die Zahl im letzten Jahr von 100 auf 500 angestiegen. »Sie sind seit Monaten, manchmal auch seit Jahren allein unterwegs gewesen«, erzählt die Klassenlehrerin. Es falle ihnen sehr schwer, sich plötzlich wieder einer Autoritätsperson unterzuordnen. Außerdem müssten sie soziale Kompetenzen wie zum Beispiel Pünktlichkeit neu lernen. »Sie waren lange auf sich gestellt, und plötzlich ist da wieder jemand, in dessen Obhut sie sind. Einige Minderjährige brauchen lange, um sich daran zu gewöhnen«, sagt die Klassenlehrerin. Trotzdem seien sie immer noch Kinder. An Weihnachten habe sie von mehreren befreundeten Flüchtlingen Textnachrichten erhalten. »Sie haben ja nur wenige Bezugspersonen hier, unter anderem eben auch mich. Das tut einem an einem Fest wie Weihnachten dann schon leid.« Auch der administrative Part habe sich verändert: »Man ist immer in Kontakt mit vielen verschiedenen Institutionen, nicht mehr mit den Eltern.« Auch später reichen die Bedingungen im sozialen und administrativen Umfeld der zugewanderten Jugendlichen weit in den Schulalltag hinein. »Erst sind sie in Aufnahmeeinrichtungen untergebracht, und wenn sie volljährig werden, sind sie plötzlich doch wieder auf sich gestellt«, sagt die Klassenlehrerin. Sie erzählt von einem Schüler, der von einem auf den anderen Tag in einer Wohngemeinschaft mit zwei anderen Flüchtlingen lebte. Der Schüler fragte sie um Rat, als er seinen

Schlüssel verloren hatte. »Ich habe ein bisschen gebraucht, bis ich verstanden habe, dass es nicht um den Wohnungsschlüssel, sondern um den zu seinem Zimmer ging.« Die Vorstellung, der Schüler schließe sein Zimmer ab, wenn er die Wohnung verlässt, habe ihr Sorgen bereitet.

Die Schule soll den jungen Leuten nicht nur den Weg ins Berufsleben bereiten, sondern auch ein Schutzraum sein. Darin sind sich die meisten Lehrerinnen und Lehrer einig. Nach dem Verlauf der Flucht werde zum Beispiel nicht vor der Klasse gefragt. »Man weiß ja nie, was man damit auslöst«, sagt ein Lehrer. Sie sollten besser die Chance für einen Neuanfang bekommen. Einmal seien Schülerinnen und Schüler einer anderen Schule zu Besuch gewesen. Ein BFF-Lernender wurde zu seiner Flucht befragt und habe angefangen, davon zu berichten, »und sich total in die Geschichte reingesteigert«, sagt seine Klassenlehrerin. Später sei er ziemlich durch den Wind gewesen und habe geschworen, nie wieder auf derartige Fragen eine Antwort zu geben.

Der Unterricht ist ganz auf die Übergangsphase zwischen der Ankunft und dem Beginn der Berufsausbildung ausgerichtet. Neben insgesamt zehn Stunden Deutschunterricht pro Woche gibt es acht Lektionen, wie eine Unterrichtsstunde in der Schweiz heißt, in praktischem Unterricht. Vier davon finden in der Metallwerkstatt statt und sind für alle verpflichtend, im Wahlfach kann zwischen den Schwerpunkten Hauswirtschaft, Holz, Keramik, Informatik und Farben/Lacke gewählt werden. Dazu kommen Mathematik, Sport, Theaterunterricht, in dem die Schüler lernen, selbstbewusst aufzutreten und das Fach Beruf und Gesellschaft, in dem die Lernenden sich mit der schweizerischen Politik und Geografie beschäftigen.

»Die meisten unserer Schüler können wir später in einer Lehre unterbringen«, sagt die Klassenlehrerin. Die Schülerinnen und Schüler, die Brückenangebote in Anspruch nehmen, hätten mit 16 bis 22 Jahren ein »schönes Alter«, denn die meisten würden verstehen, dass sie nun ein neues Leben beginnen können. Das motiviere sie sehr, nicht nur zu lernen, sondern auch, sich zu integrieren.

Nur die schweizerische Mundart bereite ab und zu Probleme. In der Schule lernen die Schülerinnen und Schüler Schriftdeutsch, also Hochdeutsch, in den Betrieben sprechen die Kollegen allerdings Berndeutsch. »Sie lernen sozusagen zwei Sprachen gleichzeitig«, sagt eine Lehrerin in der Pause.

In einer Stillarbeit beugen sich die Lernenden im Deutschunterricht bei Daniel Graf über ihre Bücher. Roshan fragt in die Stille: »Was ist Handstand?« Graf deutet einen Handstand an. »Kann ich«, sagt Roshan. Wieder was gelernt. Dann spricht Graf aus Versehen die Journalistin auf Berndeutsch an. Große Verwirrung, völliges Sprachunverständnis. Die Schülerinnen und Schüler lachen. Vor dem Berner Dialekt sind offenbar am Anfang alle gleich, ob aus Somalia oder Hamburg.

Vom Trauma zum Schulabschluss?

Die Bilder sind in den Medien allgegenwärtig: Menschenmassen stehen an den Zäunen von Europas Grenzen oder harren dort in Zelten aus. Es ist winterlich-ungemütlich, es regnet, der Boden ist matschig, das saubere Trinkwasser knapp, ärztliche Versorgung selten. Bis die Kinder und Jugendlichen an den Grenzen ankommen und in erbärmlichen Zuständen auf eine Weiterreise warten, haben sie unter Umständen schon Fürchterliches erlebt. Krieg, Bomben, Tod und Todesangst liegen hinter ihnen – und lassen sie auf ihrem Weg in ein neues Leben nicht los. Die unbegleiteten minderjährigen Asylsuchenden – kurz UMA – seien die Verletzlichsten unter den Asylsuchenden, sagte der sankt-gallische Sicherheits- und Justizdirektor Fredy Fässler Ende 2015 der Neuen Züricher Zeitung. »Vier Fünftel von ihnen sind nach unserer Schätzung mittel- bis stark traumatisiert«, so Fässler. Um die Erfahrungen um die zermürbende Flucht verarbeiten zu können, braucht es deshalb in vielen Fällen eine Psychotherapie. »Wenn Menschen aus einem Krisengebiet flüchten und in der Schweiz ankommen, sind sie meist sehr geschwächt und können schwer mit den traumatischen Einflüssen umgehen, denen sie ausgesetzt waren«, sagt Oliver Schwald, ärztlicher Leiter des Ambulatoriums für Folter- und Kriegsopfer des Schweizerischen Roten Kreuzes (SRK) in Bern. Es gehe dabei vor allem um den Verlust der »materiellen und sozialen Basis ihres Lebens, geliebter Menschen, sozialer Unterstützung, des Heimatlandes und des kulturellen und politischen Kontextes«. Hinzu kommen dann bei den Eltern weitere Belastungsfaktoren wie die anhaltende Unsicherheit wegen des ungeklärten Aufenthaltsstatus, fehlende Zukunftsperspektiven oder die Inaktivität infolge fehlender Arbeitserlaubnis. Die Kinder spüren die prekäre Situation ihrer Eltern und brauchen umso dringender eine Therapie. Das Ambulatorium war 1995 die erste spezialisierte Versorgungsstelle für kriegs- und foltertraumatisierte Flüchtlinge in der Schweiz und stellt ein ambulantes Therapieangebot zur Verfügung. »Je nach personellen Ressourcen können wir zwischen 250 und 320 Patienten jährlich betreuen und begleiten, das heißt, zwischen 3000 und 4000 Konsultationen und Beratungsgespräche leisten«, sagt Schwald. In den letzten fünf Jahren hätten die Anfragen um fast einen Viertel zugenommen. Die Wartelisten sind lang, auch in den vier weiteren Zentren in Zürich, Lausanne, Genf und St. Gallen (vgl. Schwald 2016).

Auf der Website erzählt das SRK von einigen Flüchtlingskindern und deren Therapien. Sie stehen exemplarisch für alle, deren Identitäten geschützt und deren Therapieverläufe nicht durch die Öffentlichkeit beeinflusst werden sollen. Zum Beispiel Fatima, die in Wirklichkeit anders heißt und mit ihren Eltern und ihrem Bruder aus Syrien geflohen ist. Beim Schlafwandeln spricht sie von »Gesichtern mit Löchern«, ihr Bruder – wir nennen ihn Amir – ist ebenfalls misstrauisch und verschlossen. Die Familie war lange in einem Bunker eingeschlossen, musste Todesangst aushalten. Die ältere Schwester der Kinder und die Großmutter wurden tödlich getroffen (vgl. Reusser 2014).

Die Schule hat – neben den nicht für alle verfügbaren Therapieplätzen – ebenfalls eine wichtige therapeutisch-integrative Funktion. Dabei dürfte der Umgang mit Kriegstraumata für die meisten Lehrerinnen und Lehrer wohl Neuland sein. »Die Schule stellt für traumatisierte Kinder und Jugendliche häufig den ersten außerfamiliären Kontakt dar«, steht auf einem Informationsblatt, das sich speziell an Lehrkräfte richtet. »Die Symptome eines traumatisierten Kindes oder Jugendlichen können denjenigen eines Kindes oder Jugendlichen mit AD(H)S gleichen«, steht dort. Dies bietet den bislang ungeschulten Lehrerinnen und Lehrern eine Orientierungshilfe. Die Erziehungsdirektion des Kantons Bern hat das Informationsblatt gemeinsam mit der Kantonalen Erziehungsberatung Bern herausgegeben, um einerseits praktische Tipps für den Unterricht zu geben, andererseits aber auch um für Verständnis für die Kinder und Jugendlichen zu werben. Den Lehrern und Lehrerin hilft es dabei, Alarmsignale zu deuten. »Für Lehrpersonen ist es wichtig daran zu denken, dass Kinder und Jugendliche, die Fluchtsituationen erlebt haben, oft traumatisiert sind. Dieses Trauma kann sich auf verschiedene Arten äußern«, heißt es in der Publikation. Die Erziehungsdirektion appelliert an die Lehrinnen und Lehrer, die Leistung der Kinder nicht in den Vordergrund zu stellen, da sie entweder sehr verunsichert sein könnten oder wegen der Traumatisierung »nicht in der Lage seien, gute schulische Leistungen zu erbringen«. Lieber sollten die Lehrkräfte die Klasse über die Situation des Schülers oder der

Schüler informieren und bei Bedarf im Plenum darüber sprechen. Der letzte Appell des Informationsblatts dürfte ebenfalls von immenser Bedeutung sein: »Achten Sie ebenfalls darauf, wie es Ihnen geht, gehen Sie sorgfältig mit sich selbst und Ihren Ressourcen um und suchen Sie sich allenfalls Hilfe« (Erziehunsdirektion des Kantons Bern 2016 c).

Neben traumatisierten Neuankömmlingen gibt es aber auch unbegleitete minderjährige Ausländerinnen und Ausländer, die nicht traumatisiert nach Europa und die Schweiz kommen. Sie wurden in Eritrea, Somalia oder anderen afrikanischen Ländern von ihren Familien ausgewählt, um in Europa ein Auskommen zu finden und die Familien durch Geldtransfers zu unterstützen.

Kanton Zürich: Erfolgreich mit QUIMS?

Die Kantone, Schulgemeinden und Schulen haben in der Schweiz laut Volksschulgesetz den Auftrag, dort zusätzliche Maßnahmen durchzuführen, wo viele Kinder und Jugendliche mit nichtdeutscher Erstsprache und aus den unteren Sozialschichten unterrichtet werden. Im größten Kanton der Schweiz, im Kanton Zürich, können sich Schulen mit einem Ausländeranteil von mehr als 40 Prozent deshalb am Programm Qualität in multikulturellen Schulen (QUIMS) beteiligen. Das im Jahr 1996 gestartete Projekt wurde im neuen Volksschulgesetz verankert und wird seither weitergeführt. Zurzeit sind 110 Schulen im Kanton Zürich an QUIMS beteiligt (vgl. Volksschulamt Zürich 2016 a). Jede teilnehmende Schule erhält jährlich einen Pauschalbeitrag von durchschnittlich 40 000 Schweizer Franken. Damit kann sie einen QUIMS-Beauftragten sowie interne Aufträge, externe Partner und Materialien bezahlen (vgl. Volksschulamt Zürich 2008). Das Programm fördert mit verschiedenen Maßnahmen die Sprachentwicklung, den Schulerfolg und die Integration ausländischer Kinder und Jugendlicher. In einer Sekundäranalyse zur Überprüfung der Wirkung der QUIMS-Maßnahmen im Jahr 2012 kam heraus: »QUIMS als Schulentwicklungsprogramm ist erfolgreich. In den QUIMS-Schulen konnte eine Verstärkung der Schulentwicklungsaktivitäten und eine Verbesserung der Qualität von Schulentwicklungsmaßnahmen erreicht werden. Es konnten Strukturen und Prozesse für den Aufbau einer professionellen Lerngemeinschaft geschaffen werden, die absolut zentral für die Zielerreichung von QUIMS sind.« (Merki 2012: 6) Das klingt wenig konkret. Und die Autoren der Sekundäranalyse kommen außerdem zu dem Schluss, dass »die Leistungsentwicklung der Schüler in Mathematik, Lesen und Wortschatz in QUIMS-Schulen vergleichbar mit Schülern in Nicht-QUIMS-Schulen« (Merki 2012) sei. Insgesamt lägen die durchschnittlichen Leistungen von QUIMS-Klassen unter dem kantonalen Durchschnitt. Obwohl die Kinder besonders gefördert werden, können sie nicht besser Deutsch als Nicht-QUIMS-Lernende. Eine Weiterentwicklung des Programms mit der Vertiefung in Richtung »Schreiben auf allen Schulstufen sowie auf Sprache und Elterneinbezug im Kindergarten« (Volksschulamt Zürich 2014) ist in einem Schwerpunkt bis 2017 angestrebt, die Wahl der Maßnahmen liegt jedoch im Gestaltungsspielraum der Schulen. Eine spezielle Weiterentwicklung vom QUIMS, die der aktuellen Zuwanderung Rechnung trägt, ist derzeit nicht in Sicht. Stattdessen regelt das Volksschulamt in Zürich die Eingliederung der neuen Schülerinnen und Schüler in der Volksschule mit zwei Maßnahmen: Die Kinder ohne oder mit wenig Deutschkenntnissen werden direkt in eine Regelklasse eingeschult und besuchen zusätzlich den DaZ-Anfangsunterricht oder kommen in Teil- oder Vollzeit für ein Jahr in eine Aufnahmeklasse, »um die deutsche Sprache und das hiesige Schulverhalten zu erlernen und sich so auf den Übertritt auf eine möglichst altersgemäße Regelklasse vorzubereiten« (Volksschulamt Zürich 2016 b). In welche Klasse ein Schüler oder eine Schülerin aufgenommen wird, ist von der Situation in der jeweiligen Gemeinde abhängig.

Weitere Informationen zur Situation in der Schweiz finden Sie unter www.hep-verlag.com/fluechtlinge.

Blick über die Landesgrenzen: Der Integrationspakt in Österreich

Die OECD konstatiert in Sachen Integration von Jugendlichen mit Migrationshintergrund »Nachholbedarf«, viele österreichische Politiker dagegen geben sich entspannt: Die Alpenrepublik führt eine Wertedebatte.

Zeichen setzen mit einer »Integrationspflicht«

Rund 90 000 Menschen stellten laut österreichischem Innenministerium 2015 einen Asylantrag in der Alpenrepublik (u. a. APA 2016 a). Schätzungen des Bildungsministeriums ergaben, dass rund 8500 davon schulpflichtige Flüchtlinge sind.

Eine Umfrage des Arbeitsmarktservice Österreich (AMS), dem Pendant zur deutschen Bundesagentur für Arbeit, ergab, dass die Flüchtlinge aus Syrien, dem Iran und Irak gut qualifiziert sind: »Demnach besitzen 67 Prozent der befragten Flüchtlinge eine abgeschlossene Berufsausbildung, einen Schulabschluss oder gar ein abgeschlossenes Hochschulstudium. Bei den Flüchtlingen aus dem Irak sind es 73 Prozent, bei jenen aus dem Iran sogar 90 Prozent. Bei den weiblichen befragten Asylberechtigten sind die Prozentzahlen sogar noch höher. Schlecht schneiden dagegen Flüchtlinge aus Afghanistan ab: Nur 26 Prozent von ihnen haben eine über die Pflichtschule hinausgehende Ausbildung. 30 Prozent sind überhaupt nicht in der Schule« (Arbeitsmarktservice 2016). »Österreichweit wird das 2016 rund 68 Millionen Euro für Maßnahmen zur Integration Asylberechtigter in den Arbeitsmarkt ausgeben. Davon werden fast 34 000 anerkannte Flüchtlinge, die heuer zu uns kommen, profitieren«, sagte AMS-Vorstand Johannes Kopf (Arbeitsmarktservice 2016).

Österreichische Politikerinnen und Politiker sehen dem Neuzugang entspannt entgegen: »Diese Zahl ist größer als erwartet, aber sie ist in Relation zu den insgesamt 1,1 Millionen Schülern in Österreich immer noch recht niedrig«, sagt die Politikerin der Grünen und Flüchtlingskoordinatorin im Bildungsressort, Terezija Stoisits (Die Presse 2015). Umgerechnet säße demnach in gut jeder vierten der fast 32 000 österreichischen Pflichtschulklassen ein Flüchtlingskind. »Für das Schulwesen ist die Aufnahme von Flüchtlingskindern überhaupt nichts Neues«, sagt Stoisits. Auch die aktuellen Zahlen seien »nicht überwältigend« (APA 2016 b).

Die OECD bescheinigt Österreich jedoch enormen Nachholbedarf bei der Integration von Jugendlichen mit Migrationshintergrund: »Jeder vierte Jugendliche, dessen Eltern im Ausland geboren sind, befindet sich weder in Ausbildung noch in Beschäftigung – unter den Nachkommen in Österreich geborener Eltern ist es nur jeder Zehnte. Selbst junge Immigranten, die als Kinder nach Österreich gekommen sind, sind besser in den Arbeitsmarkt integriert als die in Österreich geborenen Kinder von Zuwanderern«, heißt es 2015 in der Studie Integration von Zuwanderung: Indikatoren 2015 von der OECD und der Europäischen Kommission. »Bedenklich ist darüber hinaus, dass sich jeder dritte in Österreich geborene Jugendliche mit Migrationshintergrund diskriminiert fühlt – das ist der höchste Wert nach den Niederlanden und ein größerer Anteil als bei Personen, die selbst zugewandert sind.« Und: »Auch bei der Integration von Zuwanderern selbst besteht noch Verbesserungsbedarf. Zuwanderer leben in Österreich doppelt so oft wie in Österreich geborene Personen in relativer Armut, das heißt mit höchstens 60 Prozent des Median-Einkommens [mittleren Einkommens]« (OECD 2015 a und b). Konzepte, wie mit der Sprachförderung umgegangen werden soll, gibt es in Österreich bislang kaum. Expertinnen und Experten fordern eine individuelle Betreuung der Flüchtlinge, weniger Bürokratie und mehr Handlungsspielraum für die Schulen in der Förderung.

Ausgehend von einer angespannten Situation bei einem großen Teil der Bevölkerung und der immer wieder in der Berichterstattung thematisierten »verlorenen Generation« der jungen Zugewanderten, zeigt sich Österreich in der aktuellen Flüchtlingsdebatte als hart durchgreifender Gastgeber. Der damalige Bundeskanzler Werner Faymann schwenkte in der Flüchtlingspolitik abrupt von anfänglicher Willkommenskultur auf Abschreckung und Grenzzäune. Gleichzeitig verweigerte er die Zusammenarbeit mit der rechtspopulistischen FPÖ auf Bundesebene. Dem Druck von links und rechts hielt er nicht stand und trat im Mai 2016 von allen Ämtern zurück. Auch in der Bevölkerung wird die Zuwanderung skeptisch betrachtet: »Die rechtspopulistische FPÖ liegt in Umfragen vor den Regierungsparteien, und der mächtige Boulevard donnert seit Monaten. Die Stimmung gegenüber Migranten ist seit je nicht die beste und hat sich im vergangenen Jahr zugespitzt: 64 Prozent hatten Ende 2015 laut Eurobarometer eine negative Einstellung zur Einwanderung von Nicht-EU-Ausländern«, schreibt Florian Gasser in der Zeitung *DIE ZEIT.* »Integration ist keine Einbahnstraße«, heißt es gleich in der Präambel eines Integrationspakts, den Bundesminister für Europa, Integration und Äußeres, Sebastian Kurz von der konservativen ÖVP, im November 2015 vorstellte. Der Expertenrat für Integration im Bundesministerium für Europa, Integration und Äußeres hatte unter Vorsitz des Universitätsprofessors Heinz Fassmann den Maßnahmenkatalog erarbeitet. Sein Kernpunkt ist »die Integrationspflicht in drei Bereichen: Wer nicht Deutsch lernt, keine Arbeitsbereitschaft zeigt oder einen Wertekurs verweigert, dem sollen die Sozialleistungen gekürzt werden« (Bundesministerium für Europa, Integration und Äußeres 2016 a). Integrationsminister Kurz wird weiter zitiert: »In der Integration müssen wir vom ersten Schritt des Angebots hin zu einem zweiten Schritt der

Verbindlichkeit kommen. Das Erlernen der deutschen Sprache, die Bereitschaft, sich am Arbeitsmarkt einzubringen und die Werte zu respektieren, sind entscheidende Bedingungen, damit Integration funktioniert« (Bundesministerium für Europa, Integration und Äußeres 2016 a).

Der Plan »zur Integration von Asylberechtigten und subsidiär Schutzberechtigten in Österreich« umfasst 50 Punkte, die eine Integration fördern und fordern sollen. Die Aufgabe der Zugewanderten ist mit klaren Worten beschrieben: »Ziel der Integration [...] ist die rasche Selbsterhaltungsfähigkeit. Es geht um die Möglichkeiten und die Bereitschaft der Flüchtlinge, sich aktiv um das eigene Fortkommen zu bemühen und sich in der Gesellschaft einzubringen. Die nicht alimentierte Existenz und das aktive Einbringen in gesamtgesellschaftliche Zusammenhänge muss das übergeordnete Bestreben der Asylberechtigten, der subsidiär Schutzberechtigten und der aufnehmenden Bevölkerung sein« (Bundesministerium für Europa, Integration und Äußeres 2016 b: 5).

Grundrecht auf Schule in Österreich

Alle in Österreich lebenden Kinder und Jugendlichen im schulpflichtigen Alter haben das Recht und die Pflicht, die Schule zu besuchen (vgl. § 1 Abs. 1 SchPflG). Der zuständige Schulsprengel, also die staatlichen Schulen im jeweiligen Schulbezirk, hat daher alle schulpflichtigen Kinder – also auch diejenigen von Asylbewerberinnen und Asylbewerbern und Kinder, deren aufenthaltsrechtlicher Status nicht geklärt ist – aufzunehmen und nach Möglichkeit ihrem Alter entsprechend einzustufen. Kinder und Jugendliche, die sich in Österreich nur vorübergehend aufhalten, sind unter den gleichen sonstigen Voraussetzungen, wie sie für Schulpflichtige vorgesehen sind, zum Schulbesuch berechtigt (vgl. § 17 Abs. 1 SchPflG). Voraussetzung für den Besuch einer Berufsschule ist der Abschluss eines Lehrvertrags mit dem Lehrberechtigten. Jugendlichen Asylbewerberinnen und Asylbewerbern bis zur Vollendung des 25. Lebensjahres steht die Ausbildung in sogenannten Mangelberufen offen, die monatlich von den regionalen Geschäftsstellen des Arbeitsmarktservices des jeweiligen Bundeslandes bekanntgegeben werden (Bundesministerium für Bildung und Frauen 2015).

Umstrittene Wertekurse

Neben den Handlungsfeldern »Arbeit und Beruf«, »Gesundheit und Soziales«, »Sport und Freizeit« und »Interkultureller Dialog« beschäftigen sich vier der 50 Punkte mit dem Bereich »Rechtsstaat und Werte«. Punkt 19 fordert Orientierungs- und Wertekurse: »Ein eigenes Kursformat zur Erstorientierung soll Asylberechtigten und subsidiär Schutzbe-rechtigten einen guten Überblick über das Leben in Österreich geben und die Grund-werte des Zusammenlebens (u. a. Demokratie, Rechtsstaat, Gleichberechtigung von Mann und Frau), aber auch Informationen über Umgangsformen und Verhaltenskodizes aufzeigen. Es soll ihnen vermittelt werden, was die Gesellschaft von ihnen erwartet und was unverhandelbar ist, damit ein friedliches Zusammenleben aller Menschen in Öster-reich möglich wird. Dieser Grad der Integration (u. a. Sprachkenntnisse, Kenntnisse der Werte und der Gesellschaftsordnung) fließt auch in Verfahren zu Rückkehrentscheidun-gen ein« (Bundesministerium für Europa, Integration und Äußeres 2016 b: 14).

Der Startschuss für die Umsetzung des Integrationsplans fiel Anfang 2016 in Vor-arlberg. Schon Anfang Februar lobte Integrationsminister Kurz die dortige Umset-zung der Integrationspflicht, die nach Bestreben von Kurz landesweit eingeführt werden soll. »Landeshauptmann Markus Wallner geht hier mutig voran, indem er den Integrationsplan von Heinz Fassmann klar umsetzt und die Integrationspflicht einführt«, sagt Kurz. In der Integration müsse Österreich vom ersten Schritt des Angebots hin zu einem zweiten Schritt der Verbindlichkeit kommen (Bundesminis-terium für Europa, Integration und Äußeres 2016 a). Derzeit würden die Wertekurse österreichweit eingeführt. Sie sind achtstündig und verpflichtend, aber umstritten. »Das mit den Werten ist natürlich so eine besondere Sache, denn der liberale Staat ist ja auch davon abhängig, dass er die Werte, die er sich wünscht oder von denen er abhängig ist, des gemeinsamen Zusammenlebens, nicht verordnen kann, denn sonst wäre er kein liberaler Staat mehr. Das ist natürlich immer das Dilemma sozu-sagen, was nicht im Rechtsstaat klar festgeschrieben ist: Wie vermittelt man diese Wertvorstellungen, die wir haben?«, sagt Franz Wolf, der Geschäftsführer des Inte-grationsfonds, im Deutschlandfunk. Auch Nurten Yilmaz, die für die SPÖ im öster-reichischen Nationalrat sitzt, kritisiert, dass vor allem über die Geflüchteten bisweilen herablassend und pauschal behauptet werde, man müsse ihnen grundle-gende Regeln des Zusammenlebens erklären, ohne etwa ihren jeweiligen Bildungs-hintergrund, ihren beruflichen oder gesellschaftlichen Status zu berücksichtigen (vgl. Dierks 2016).

Die österreichische Journalistin Eva Linsinger kommentiert: »Seit der Begriff Leit-kultur erfunden wurde, bieten Werte-Debatten einen Vorwand, sich von vermeint-lich Fremden abzugrenzen und Rechtswähler bei Laune zu halten. [...]

Retro-Sehnsüchte nach der kulturell und soziologisch homogenen Nachkriegszeit-gesellschaft passen nicht ins Jahr 2015. Pluralismus ist zumutbar, kleinmütiger Regelungsdrang eine unnötige Beschränkung. Alle verbindlichen Grundregeln für das Zusammenleben sind ohnehin in der Rechtsordnung verankert: Wer Frau oder Kinder schlägt oder den Holocaust leugnet, verstößt nicht gegen Werte, sondern gegen Gesetze« (Linsinger 2016).

Die Zeitung *Der Standard* schildert eine mehr als beklemmend wirkende Situation zwischen einer Lehrerin und syrischen Erwachsenen: »Wer Mindestsicherung beziehe, will sie dann wissen. Eh alle. ›Die ist für Notsituationen, weil man kurzfristig nicht arbeiten kann‹, sagt die Lehrerin. ›Deshalb zahlen ich und andere Österreicher in den Topf ein.‹ Ein junger Mann bedankt sich bei ihr. ›Deshalb ist es auch so wichtig, dass ihr schnell einen Job findet und auch etwas beitragt‹, lässt sie sich nicht unterbrechen. Die Lehrerin will ihren Schülern aber keine große Hoffnung machen: Es gebe in Öster-reich viel weniger Arbeit als Menschen. ›Die meisten von euch werden hier nicht das machen können, was sie in Syrien gemacht haben‹« (Mittelstaedt 2016).

Schule im Integrationspaket

Die ersten zehn Punkte des Integrationspaketes beschäftigen sich mit dem Hand-lungsfeld »Bildung und Sprache«. Es soll unter anderem ein verpflichtendes zweites Kindergartenjahr für Flüchtlingskinder geben, auch wird auf die Vermittlung öster-reichischer Werte eingegangen: »Kinderbetreuungseinrichtungen sollen künftig bei der Gründung auch darlegen, ob und welche spezifischen Weltanschauungen sie vertreten. Somit soll sichergestellt werden, dass alle Kinderbetreuungseinrichtungen die verfassungsrechtlich verankerten Werte mittragen und Transparenz herrscht« (Bundesministerium für Europa, Integration und Äußeres 2016 b: 9). Die Sprachför-derung in der Schule umfasst unter anderem Sprachförderklassen sowie verpflicht-ende Sprachförderkurse am Nachmittag und in den Sommerferien. Es soll mehr Schulsozialarbeiterinnen und Schulsozialarbeiter sowie pädagogische Interventions-maßnahmen (Maßnahmen zur Verbesserung der Handlungskompetenz) am Nach-mittag geben (Bundesministerium für Europa, Integration und Äußeres 2016 b: 10). Außerdem sollen bis zu 5000 Flüchtlinge bis zum 25. Lebensjahr noch während des Asylverfahrens eine Lehre machen können. Alle Lehrberufe, in denen es an Fachar-beiterinnen und Facharbeitern mangelt, stehen ihnen laut österreichischem Sozial-ministerium offen. Auf der aktuellen Liste ist der Bedarf unter anderem bei

Dachdeckern/-innen, Fassadenreinigern/-innen, Fleischverkäufern/-innen und im Tourismus besonders groß (Arbeitsmarktservice Wien 2016). Allerdings dürfen Betriebe einen Lehrplatz nur dann an einen Asylsuchenden vergeben, wenn sich kein Österreicher, EU-Ausländer oder sonstiger ausländischer Staatsbürger mit einem bestimmten Aufenthaltstitel dafür findet (derstandard.at 2015).

Offen ist aber noch, wie viel Geld dem Bildungsministerium von dem insgesamt 75 Millionen Euro beinhaltenden Sonderbudget für das Integrationspaket zusteht. Bildungsministerin Gabriele Heinisch-Hosek sprach vor Ende der endgültigen Verhand-lungen von rund 24 Millionen Euro. Eingesetzt werden soll das Geld für 180 zusätz-liche Planstellen in der Sprachförderung, für mobile interkulturelle Teams, für weitere 1200 Alphabetisierungsplätze sowie einen Ausbau der Übergangsstufen in den höhe-ren Schulen (derstandard.at 2015).

Schulorganisation und Deutsch als Fremdsprache
In einem Informationsblatt zu den »gesetzlichen Grundlagen schulischer Maßnah-men für SchülerInnen mit einer anderen Erstsprache als Deutsch« heißt es: »Schul-pflichtige SchülerInnen, die auf Grund mangelnder Deutschkenntnisse dem Unterricht nicht ohne weiteres folgen können, sind für die Dauer von maximal 12 Monaten als außerordentliche SchülerInnen aufzunehmen« (§ 4 Abs. 2 und 3 SchUG). In Ausnah-mefällen kann die Zeit auf zwei Jahre verlängert werden (Informationsblatt 2005). Allein in Wien gab es Anfang 2015 rund 100 000 Schülerinnen und Schüler dieser Gruppe, die Zahl dürfte seither gestiegen sein. Die Lernenden bekommen Sprach-förderkurse, nehmen am Schulleben teil, werden aber nicht benotet (Krutzler 2015). Die Kurse umfassen elf Schulstunden und werden zum Teil isoliert abgehalten, zum Teil integrativ im Regelunterricht mit einem Sprachförderpädagogen als Zweitlehrer (Wiener Zeitung 2015). Die bürgerliche OVP möchte langfristig jedoch die Kinder und Jugendlichen in separaten Klassen, sogenannten Vorbereitungsklassen, auf den Regelunterricht vorbereiten. Die sozialdemokratische SPÖ spricht sich jedoch grund-sätzlich dagegen aus. Sie möchte Kinder und Jugendliche weiterhin nur punktuell aus den Klassen herauslösen (Wiener Zeitung 2015). Flächendeckende Maßnahmen gibt es bislang nicht.

Die Beschulung der Flüchtlinge in deutscher Sprache kommt in Österreich nur langsam ins Rollen, ein erfolgreiches Modell gibt es bislang offenbar nicht, denn immer wieder kommt Kritik von »Lehrenden, von Lernenden, von Organisationen und von Personen, die Geflüchtete auf ihrem Weg in die österreichische Gesellschaft betreuen« auf (Stellungnahme Österreichischer Verband für Deutsch als Fremdsprache/Zweitsprache 2016). Der Österreichische Verband für Deutsch als Fremdsprache/Zweitsprache nimmt auch Stellung zur Situation des Deutschunterrichtes an den Schulen: »Als Fachverband sehen wir die leider festzustellende starke Tendenz zur Deprofessionalisierung des DaZ-Unterrichts überaus kritisch. In Kindergärten und Schulen kommen Lehrkräfte mit keiner oder nur geringer fachlicher Ausbildung zum Einsatz. Da Spracherwerb jedoch ein hochkomplexer und sensibler Prozess ist und Sprachförderung gezielte und differenzierte Interventionen erfordert, ist es absehbar, dass die derzeit gesetzten Maßnahmen oft nicht zum gewünschten Erfolg führen werden. Den Preis dafür bezahlen die Kinder mit einem bedeutenden Handicap für die zukünftige Bildungslaufbahn« (Stellungnahme Österreichischer Verband für Deutsch als Fremdsprache/Zweitsprache 2015). Der Verband besteht deshalb auf der Professionalisierung des Unterrichtsfachs.

Reaktionen erwünscht: Was die Politik tun muss

Bei der Integration sind die Schulen sowie Lehrerinnen und Lehrer bereits in Vorleistung gegangen. Jetzt muss der Staat nachziehen und die notwendigen Kapazitäten auch dauerhaft zur Verfügung stellen.

Nachhaltige Bildungspolitik für Flüchtlinge: Noch fehlen Grundlagen

Um in Deutschland langfristige Konzepte zwischen Bund und Ländern ausarbeiten und umsetzen zu können, fehlen die notwendigen Datengrundlagen. Denn bisher lässt die amtliche Schulstatistik auf Bundesebene keine Rückschlüsse darauf zu, wie viele Kinder einen Migrationshintergrund haben und welche Schulen sie besuchen, sagt Thomas Kemper vom Wuppertaler Institut für bildungsökonomische Forschung (WIB): »Um schulstatistische Vergleiche zwischen den Ländern zu ermöglichen und belastbare Aussagen über den Schulbesuch von Kindern und Jugendlichen mit Migrationshintergrund treffen zu können, muss in allen Ländern zumindest ein Minimum vergleichbarer Informationen zum Migrationshintergrund abgefragt werden«, so Kemper. Dies gelte insbesondere mit Blick auf die hohe Dynamik und die stark schwankenden Zahlen im Rahmen der aktuellen Fluchtmigration: Bildungsforscher, aber auch politische Akteure in Bund und Ländern benötigten diese Informationen, um ihre Entscheidungen im Bereich der Bildungsplanung fundiert treffen zu können. Kemper hat in statistischer Fleißarbeit die verschiedenen Erhebungsansätze in den Schulstatistiken der Länder miteinander verglichen (vgl. Kemper 2016) und dabei auch geprüft, ob sich die unterschiedlichen Datensätze zu einer – aus politisch-planerischen Gründen wünschenswerten – Bundesstatistik zusammenführen ließen.

Doch das wird schwer, zeigt die Studie des Wuppertaler Bildungsforschers: Manche Länder erheben bis heute nur die Staatsangehörigkeit der Schülerinnen und Schüler, andere dagegen erfassen ausführlich einen möglichen Migrationshintergrund, indem sie beispielsweise auch nach dem Geburtsland und der Verkehrssprache der Familie fragen. »Es unterscheiden sich sowohl die Datenbasen, die erhobenen Migrationsmerkmale, die Bezeichnungen, als auch die Operationalisierungen des Migrationshintergrundes«, schreibt Kemper in seiner Studie – und das, obwohl es längst Richtlinien der Kultusministerkonferenz für ein einheitliches Vorgehen gibt und sogar einen Beschluss darüber, was zwingend erhoben werden muss: Dabei handelt es sich um die Staatsangehörigkeit, die Verkehrssprache und das Geburtsland der Schülerinnen und Schüler. Wie dieser Beschluss aber umgesetzt werden soll, das wird von den Ländern zum Teil völlig unterschiedlich interpretiert. Und so sind die statistischen Landesämter von einem einheitlichen und vor allem vergleichbaren Vorgehen weit entfernt. »Konsequenz ist, dass die Bildungssituation von Schülerinnen und Schülern mit Migrationshintergrund anhand von Daten der amtlichen Schulstatistik auch in naher Zukunft weiterhin nicht auf Bundesebene analysiert werden kann«, ärgert sich

Thomas Kemper. Auch schulstatistische Vergleiche der Bundesländer untereinander seien wegen der völlig unterschiedlichen Ansätze zum Teil unmöglich – kein gutes Zeugnis für die auf föderalen Wettbewerb setzende Bundesrepublik. »Die Staatsangehörigkeit ist bis heute das einzige verfügbare Migrationsmerkmal in der Schulstatistik auf Bundesebene«, schreibt Kemper. Mit dieser Information allein aber lässt sich so gut wie nichts anfangen. Abhilfe würde nur »die valide Erhebung zumindest eines Kerns gemeinsamer, einheitlicher und vergleichbarer Migrationsmerkmale« schaffen, »was verbindliche Vorgaben bzw. Beschlüsse voraussetzte«, so Kemper in seinem Fazit. Und die einmal definierten und erhobenen Kernmerkmale müssten dann aus Sicht des Bildungsforschers auch noch über möglichst lange Zeit stabil bleiben und nicht verändert werden – nur dann ließen sich auch Vergleiche über längere Zeiträume hinweg durchführen. Doch an einer solchen Einheitlichkeit in der Bildungs- und Schulpolitik mangelt es bereits seit Jahrzehnten, weil die Länder gegenüber dem Bund, aber auch gegenüber den anderen Ländern auf ihre uneingeschränkte Hoheit in Bildungsfragen pochen.

Jahr	Anzahl Personen
2014	99.472
2013	68.003
2012	49.315
2011	37.394
2010	32.356
2009	26.908
2008	23.765
2007	23.138
2006	22.207
2005	24.919
2004	28.023
2003	32.825
2002	40.184
2001	46.268
2000	42.055
1999	51.691
1998	44.291

Anzahl der im jeweiligen Jahr zugezogenen ausländischen Kinder und Jugendlichen von 6–18 Jahren. (Quelle: Massumi et al. 2015)

Durch die Flüchtlingskrise und den von ihr erzeugten Handlungsdruck tut sich nun eine Möglichkeit auf, diese kontraproduktive Nichtzusammenarbeit zwischen Bund und Ländern in der Schulpolitik zu überwinden. Denn es ist klar, dass die bisher schon weit über 300 000 zugewanderten Flüchtlingskinder im deutschen Schulsystem eine so große finanzielle Herausforderung darstellen, dass manche Länder schlicht damit überfordert sind, die notwendigen Kapazitäten für einen angemessenen Schulunterricht zur Verfügung zu stellen. Es wird also gar nicht anders gehen, als mit einer gemeinsamen finanziellen Anstrengung die Beschulung der neu zugezogenen Kinder und Jugendlichen sicherzustellen – und dabei alte Hürden und Mauern, die eine Zusammenarbeit zwischen Bund und Ländern bisher immer verhindert haben, einfach niederzureißen.

Mit der Unterschiedlichkeit der einzelnen Bundesländer befasst sich auch eine weitere Studie (Massumi et al. 2015), die im Herbst 2015 für Aufsehen sorgte. Das Mercator-Institut für Sprachförderung und Deutsch als Zweitsprache und das Zentrum für LehrerInnenbildung der Universität zu Köln hatten dafür die schulische Situation von Flüchtlingskindern in Deutschland untersucht und Hinweise darauf zusammengetragen, was geändert und verbessert werden muss, um den Flüchtlingskindern einen angemessenen, ihren Bedürfnissen entsprechenden Unterricht anbieten zu können. Auch hier stießen die Forscher auf zahlreiche, teilweise sehr unterschiedliche bundesländerspezifische Regelungen. So ergab die Studie unter anderem, dass die einzelnen Länder bei der Unterrichtsorganisation völlig verschiedene Vorgaben verwendeten. Den Schulen wurde damit zum Teil kaum ein Orientierungsrahmen angeboten. Den größten Nachholbedarf konstatierten die Forscher hinsichtlich der Schulpflicht: Lediglich in Berlin und im Saarland gilt die gesetzliche Schulpflicht für alle Kinder und Jugendlichen, auch für Flüchtlinge und Asylbewerber, uneingeschränkt von Anfang an. In anderen Ländern dagegen waren zum Teil mehrmonatige Wartezeiten vorgesehen – Zeit, die für den Bildungsprozess und für die Integration der Betroffenen verloren geht.

Grundlage der Untersuchung waren die Zuwanderungszahlen aus dem Jahr 2014, also noch vor deren starkem Anstieg in ganz Europa ein Jahr später. Im untersuchten Zeitraum waren knapp 100 000 Kinder und Jugendliche im schulpflichtigen Alter nach Deutschland gekommen. Die Zahl hatte sich damit zwischen 2006 und 2014 vervierfacht – dennoch lag der Anteil neu zugewanderter Kinder und Jugendlicher im Verhältnis zur Gesamtschülerschaft nur bei einem Prozent.

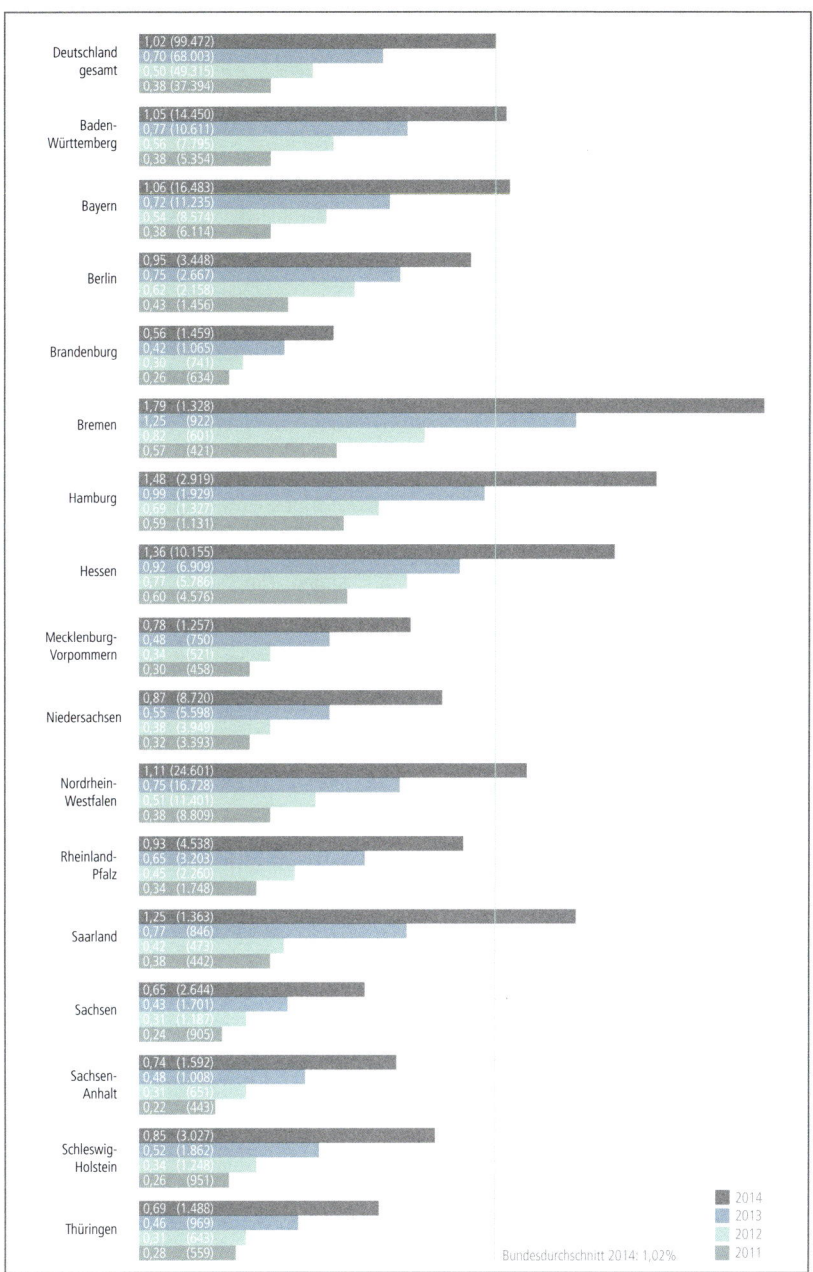

	2014
	2013
	2012
	2011

Bundesdurchschnitt 2014: 1,02 %

Anteil der neu zugezogenen ausländischen Kinder und Jugendlichen von 6–18 Jahren an der Gesamtzahl der 6- bis 18-Jährigen in Deutschland nach Bundesländern. Angaben in Prozent, in Klammern absolute Zahlen. (Massumi et al. 2015)

Zwei Drittel der zugewanderten Kinder, fanden die Forscherinnen und Forscher heraus, gehörten vom Alter her in die weiterführenden Schulen – woraus sich ein entscheidender Hinweis an die Bildungspolitik herauslesen lässt: Nicht die Förderung der Integration in der Grundschule, sondern die der Sekundarstufen I und II muss im Mittelpunkt der schulpolitischen Anstrengungen stehen.

Für die Studie hatten die Autorinnen und Autoren Daten des Statistischen Bundesamts, des Bundesamts für Migration und Flüchtlinge und kommunale Daten aus der Zeit bis Ende 2014 ausgewertet. »Die aktuellen Herausforderungen waren, wenn auch nicht in der Dimension der letzten drei Monate, vorhersehbar«, sagte Michael Becker-Mrotzek, Direktor des Mercator-Instituts, im Oktober 2015 zur Vorstellung der Studie: »Die Frage, wie neu zugewanderte Kinder und Jugendliche im Bildungssystem aufgenommen werden können, ist jahrelang vernachlässigt worden. Jetzt fehlen die nötigen Informationen, Konzepte sind in Vergessenheit geraten. Mit den Berechnungen dieser Studie liegen erstmals fundierte Annäherungswerte vor. Sie zeigen: Die Zahl wächst mit großer Geschwindigkeit und gerade diese Schnelligkeit stellt die Schulen und Lehrkräfte vor große Herausforderungen.« Auch Becker-Mrotzek bemängelte, dass in vielen Bundesländern nicht systematisch erhoben werde, wie viele neu zugewanderte Kinder und Jugendliche ohne Deutschkenntnisse tatsächlich an den Schulen sind. Ohne diese Planungsgrundlage ist es jedoch kaum möglich, den Bedarf an Lehrkräften und weiteren Ressourcen rechtzeitig einzuschätzen. »Die Bundesländer müssen sich auf ein gemeinsames Verfahren einigen«, forderte Michael Becker-Mrotzek. Und er betonte, wie wichtig es sei, dass insbesondere die weiterführenden Schulen zügig Konzepte zur Integration entwickeln. Weil laut Erhebung mehr als zwei Drittel der neu zugewanderten Kinder und Jugendlichen zwischen zehn und 18 Jahre alt sind und allein 14 Prozent zur Altersgruppe der 18-Jährigen gehören, werden besonders an weiterführenden und berufsbildenden Schulen dringend Schulplätze und zusätzliche Unterrichts- und Betreuungskapazitäten benötigt.

Der Aufgabenzettel für die Bildungs- und Finanzpolitiker ist also lang. Und er enthält noch einen weiteren wichtigen Punkt, der fast so etwas wie eine Zukunftsvision darstellt: die Forderung nach gleichen Bedingungen – egal, wo ein Schüler oder eine Schülerin mit Fluchtgeschichte den Unterricht verbringt. Sowohl die Kemper-Studie als auch die Untersuchung des Mercator-Instituts zeigen deutlich, wie ungleich die Flüchtlingskinder im Hinblick auf Schulbesuch und Unterricht behandelt werden. Dies fängt bei der regionalen Verteilung an (vgl. hier und im Folgenden Massumi et al. 2015). So lag 2014 im Bundesdurchschnitt zwar der Anteil neu zugewanderter Kinder und Jugendlicher an der Gesamtschülerzahl bei 1,02 %, er schwankte jedoch erheblich zwischen den Bundesländern und auch zwischen einzelnen Regionen:

→ Brandenburg hatte mit einem Anteil von 0,56 Prozent in 2014 den niedrigsten Wert neu zugewanderter Schülerinnen und Schüler.

→ Auf den höchsten Wert kam der Stadtstaat Bremen mit einem Anteil von 1,79 Prozent.

→ Sogar innerhalb einzelner Städte schwanken die Werte zum Teil ganz erheblich. In Köln beispielsweise lag der Anteil zugewanderter Schüler in einzelnen Stadtbezirken bei 0,8 Prozent, in anderen bei 2,7 Prozent.

Solche Schwankungen bei der Verteilung der Flüchtlingskinder sorgen für erhebliche Unterschiede bei der finanziellen und pädagogischen Belastung einzelner Regionen, Kommunen, Schulen und Lehrerinnen und Lehrer. Und dann kommt noch eine weitere Ungleichheit hinzu, die sich noch einmal verstärkt innerhalb des Schulsystems auswirkt: Nicht alle Schulformen nehmen gleich viele zugewanderte Schülerinnen und Schüler auf.

Zu Besuch am Gymnasium Wanne

Die Internationale Klasse am Gymnasium Wanne zeigt, wie gut Integration auch am Gymnasium funktioniert.

Sie kommen aus Afghanistan, aus Syrien und der Türkei, aus Bulgarien und Rumänien: Die Schülerinnen und Schüler der Internationalen Klasse (IKL) am Gymnasium Wanne in Herne sind eine ziemlich bunt zusammengemischte Gruppe. Elf Kinder und Jugendliche zwischen 11 und 17 Jahren sitzen an diesem Morgen im Klassenzimmer und beginnen den Tag erst einmal damit, ihrer Klassenlehrerin Hasnaa Sahnoune und Schulsozialarbeiter Daniel Hein von ihren Aktivitäten am Wochenende zu erzählen. »Ich habe gekocht«, erzählt Nadin. »Ich habe Fußball gespielt, einkaufen und putzen gemacht«, sagt Samira. Und Denica ergänzt: »Ich gucke im Internet, Deutsch lernen. Und Kokoskugeln backen.« So geht es reihum, nacheinander erzählen die Kinder von ihren Erlebnissen. Es ist das Montagsritual, um in den Schulalltag und den Alltag der IKL hineinzufinden.

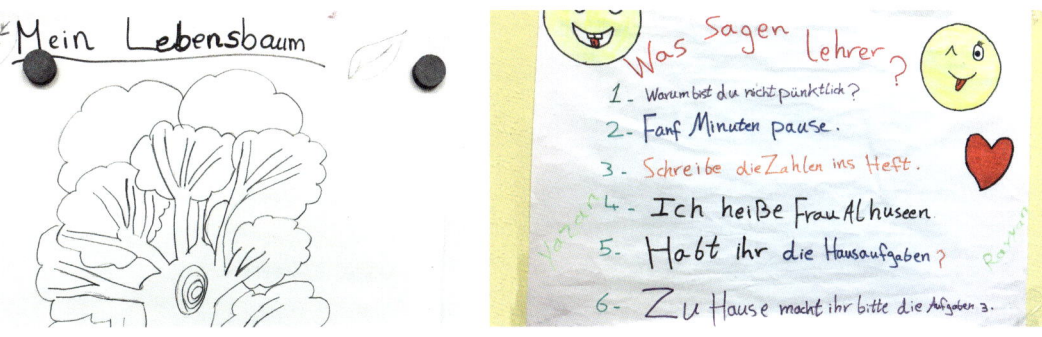

»18 Stunden pro Woche sind die Schülerinnen und Schüler bei uns, den Rest der Zeit gehen sie in normale Regelklassen«, berichtet Daniel Hein, der als Sozialarbeiter bis zu dreimal wöchentlich mit in den Unterricht kommt. Die IKL hat sich, erzählt er, bewährt, um den geflüchteten Kindern und Jugendlichen einen sanfteren und gleichzeitig besonders geförderten Übergang in den deutschen Schulalltag zu ermöglichen: »Hier sind sie freier, sprechen zum Beispiel leichter und auch selbstbewusster vor der Gruppe – weil sie wissen, dass auch die anderen Kinder Schwierigkeiten mit der Sprache oder mit dem Einleben in die neue Umgebung haben.« Für sie als Lehrerin sei besonders die starke Differenzierung im Hinblick auf das Alter, die Leistungen und die Deutschkenntnisse der IKL-Kinder eine Herausforderung, sagt Hasnaa Sahnoune, die zusammen mit ihrem Kollegen Nils Biewald die IKL leitet, und ergänzt: »Gleichzeitig ist genau das aber auch ein enormer Ansporn, der unseren Alltag so ungeheuer spannend macht.« Vom Training der Sozialkompetenz bis zur gezielten individuellen Förderung in Deutsch und Mathe, vom täglichen Umgang miteinander in deutschen Schulen bis zur Hilfe beim Ausfüllen eines Formulars für ein Ticket des örtlichen

Verkehrsverbunds reichen die Themen und Herausforderungen, denen sich das inter-disziplinäre Team aus Lehrkräften und Sozialarbeitern gegenübersieht, denn die Arbeit in der IKL, sagt Hasnaa Sahnoune, »ist jeden Tag wie eine Wundertüte«. Ihr Gesichts-ausdruck lässt keinen Zweifel daran, wie sie das findet: »Diese Arbeit erfüllt mich, und ich bin wirklich glücklich, in diesem Team und in dieser Klasse zu arbeiten.«

Dabei gibt es durchaus immer wieder auch Probleme. Kleinere, die vielleicht auf Ver-ständnisschwierigkeiten beruhen – und größere, die sich aus kulturellen Unterschie-den ergeben und trotzdem gelöst werden müssen. An den Wänden des Klassenzimmers hängen von den Schülerinnen und Schülern gemalte Plakate: »Was sagen Lehrer?«, steht darauf und »Was sagen Schüler?« Andere große Papiere zeigen mit Schrift und Bildern, worauf in der Schule Wert gelegt wird: »Ich komme pünktlich«, heißt es da, oder auch: »Ich bin leise und höre zu.« Und: »Ich bin freundlich.« Nicht alles davon klappt bei allen Kindern von Anfang an. »Ein Junge hat mir einmal kategorisch gesagt: ›Ich arbeite nicht mit Mädchen‹«, berichtet Daniel Hein. In solchen Fällen müssen Lernprozesse manchmal ziemlich schnell angestoßen werden. Dabei hilft den Lehre-rinnen und Lehrern einerseits die Zusammenarbeit im Team mit mehreren professio-nellen Perspektiven, andererseits aber auch die breite Unterstützung durch das Kollegium, durch Oberstufenschülerinnen und -schüler des Gymnasiums und durch Praktikantinnen und Praktikanten. Hinzu kommt, dass Hasnaa Sahnoune selbst aus Marokko stammt und nicht nur Arabisch spricht, sondern auch Deutsch, Französisch und Spanisch studiert hat, bevor sie 2010 als Seiteneinsteigerin Lehrerin wurde. »Mein großer Vorteil ist, dass ich diese Situationen kenne: sich in einem anderen Land, in einer anderen Kultur zurechtfinden zu müssen. Eine Fremdsprache zu lernen, die am Anfang völlig unverständlich klingt – und dann doch zu merken, wie es lang-sam, ganz langsam immer besser wird.« Mit der richtigen Mischung aus Zuwendung und einer gewissen fordernden Strenge lasse sich diese Herausforderung bewältigen, beschreibt die Lehrerin ihre Aufgabe.

Seit Oktober 2014 gibt es am Gymnasium Wanne die IKL, vier Kinder konnten bereits nach weniger als einem Jahr komplett in den Regelunterricht wechseln – zwei im fünften, zwei im neunten Schuljahr. Solche Erfolge werden vor allem durch die indi-viduelle Begleitung und durch die enge Beziehung möglich, die das IKL-Team zu den Schülern aufbaut. »Dadurch fühlen sich die Schüler angenommen, sie haben klare Bezugspersonen und enge Ansprechpartner – und entwickeln auf diese Weise ein

Vertrauen, das sie hier vielleicht zum ersten Mal in dieser Form erleben«, sagt Has-
naa Sahnoune. Dieses Vertrauen und die Beständigkeit seien sehr wichtig, und das
schließt nicht nur die Kinder mit ein. Daniel Hein: »Zum Teil besuche ich auch die
Eltern zuhause, damit sie spüren: Wir haben ein echtes Interesse an ihren Kindern,
an ihrer Integration und ihrem Vorankommen.« Im Gegenzug bleibt der Kontakt oft
auch bestehen, wenn die Kinder gar nicht mehr in die IKL gehen. »Dann kommen
sie manchmal in der Pause im IKL-Klassenzimmer vorbei, nur um uns ihre gute Note
in der letzten Mathearbeit zu zeigen«, erzählt der Sozialarbeiter. »Die Betreuung
geht immer weiter, das hört nie auf«, sagt auch Hasnaa Sahnoune. Das Team will
den Kindern »ein bisschen Heimat geben«, ihnen das Leben im Stadtteil Wanne und
in der näheren Umgebung zeigen: den Zoo in Gelsenkirchen, das Ruhrstadion des
Fußballbundesligisten VfL Bochum, die Bräuche an den in Deutschland begangenen
Feiertagen. »Dann bringen alle Essen und Spezialitäten mit, vor Weihnachten woll-
ten sie Weihnachtslieder singen, und eine Praktikantin hat dazu auf der Geige ge-
spielt, nachdem wir vorher eine Projektwoche über Weihnachten durchgeführt
haben«, erzählt Hasnaa Sahnoune aus der Adventszeit im vergangenen Winter.

Von Anfang an hatten Schulleitung und Kollegium die Idee des besonderen Unter-
richts für Flüchtlinge unterstützt, »die Resonanz war rundum positiv«, erzählt die
IKL-Lehrerin. Und das, obwohl allen klar war, dass eine Internationale Klasse oft auch
zusätzliche Anstrengungen erfordert – bei den Absprachen zwischen den Lehrkräften
etwa oder bei der Kontrolle, ob die Schülerinnen und Schüler nach dem IKL-Unterricht
auch tatsächlich in die Regelklasse gehen oder ob sie die Chance des Raumwechsels
nutzen, um – aus Versehen oder absichtlich – nach Hause zu gehen. Gemeinsam hat
das Kollegium Verfahren zum Umgang mit solchen Fragen geschaffen und dabei ein
so überzeugendes Konzept für die Integration der Flüchtlingskinder entwickelt, dass
sich mittlerweile sogar Sponsoren daran beteiligen. So ermöglichte die Gesellschaft
freie Sozialarbeit die Anschaffung von zwei Tablet-Computern, auf denen die Schüle-
rinnen und Schüler online beispielsweise etwas in Wörterbüchern nachschauen kön-
nen. Ein Logistikunternehmen half mit einer Geldspende, mit der CD-Player, Bücher,
Arbeitshefte, Kopfhörer und eine Whiteboard-Tafel gekauft werden konnten. Private
Spenderinnen und Spender stellten Fahrräder für die Kinder zur Verfügung, und der
Förderverein der Schule unterstützt die Flüchtlingsfamilien bei Exkursionen und Schul-
fahrten. »Diese breite Unterstützung hilft uns im Alltag, signalisiert aber auch eine
Anerkennung unserer Arbeit, die sehr viel Kraft gibt«, sagt Daniel Hein.

Die elf Kinder und Jugendlichen der IKL arbeiten unterdessen mit Arbeitsblättern, auf denen »Mein Lebensbaum« steht. Ein kräftiger Laubbaum ist darauf skizziert, und die Aufgabe besteht darin, die Wurzeln, den Stamm, die Äste und Blätter analog zum eigenen Leben zu beschriften. »Was sind eure Wurzeln?«, will Hasnaa Sahnoune wissen. »Eltern, Familie, Heimat«, sagt Nur. Eifrig schreiben die Kinder die Wörter auf ihre Blätter. Beim Gespräch über den Stamm geht es schnell um die Frage des Charakters. Wie bin ich – und was ist ein guter Mensch? Emir und Sufian melden sich, Kamal aber darf antworten: »Ein guter Mensch macht keinen Scheiß.« Manche Kinder kichern, aber man spürt, dass sie wissen: Diese Antwort ist gar nicht so falsch.

»Das ist einfach eine tolle Klasse mit tollen Schülern«, sagt Daniel Hein später, als die Kinder nach der Stunde auf den Schulhof gestürmt sind, und ergänzt: »Wir lachen viel zusammen.« Die vielen Religionen, Kulturen und Mentalitäten in der IKL, ergänzt Hasnaa Sahnoune, erlaubten »viele kleine Momente des Glücks«. So wie an diesem Morgen, als Nadin selbstgebackene Kekse mitbringt und sie den Lehrerinnen und Lehrern anbietet. Die strahlen über das ganze Gesicht: »So falsch kann's eigentlich nicht sein, was wir hier machen«, sagt Daniel Hein leise.

Die bereits erwähnte Studie des Mercator-Instituts zeigt am Beispiel der Vorbereitungsklassen in der Stadt Köln, dass diese Klassen mit besonderer Betreuung deutlich häufiger an Haupt-, Real- und Gesamtschulen angesiedelt werden als an Gymnasien. Hier wird deutlich: Bei Bildungspolitikerinnen und -politikern auf allen Ebenen muss dringend ein Umdenken in Richtung mehr Gerechtigkeit erfolgen. Wenn die Integration hunderttausender Schülerinnen und Schüler mit familiärer Fluchtgeschichte ins Bildungssystem gelingen soll, dann kann das nur mit einer breiten, alle Schulformen und alle Regionen und Bezirke gleichermaßen umfassenden gemeinsamen Anstrengung gelingen. Denn sonst besteht die Gefahr, dass ganze Gruppen dieser Kinder aufgrund ihrer Zuweisung zu bestimmten Orten oder Schulformen systematisch von weiteren Bildungschancen ausgeschlossen und dass einzelne Schulen und ihre Lehrerinnen und Lehrer nachhaltig überfordert werden.

Als wichtigen ersten Schritt in Richtung einer Gleichbehandlung fordern die Bildungs-forscherinnen und -forscher eine einheitliche, klar definierte Schulpflicht für Flücht-lingskinder. Nicht nur in Berlin und im Saarland, sondern überall müssten entsprechende Regelungen eingeführt werden. »Das Verfahren kann derzeit mehrere Monate, teilweise länger als ein Jahr dauern«, sagt Mona Massumi vom Kölner Zen-trum für LehrerInnenbildung und eine der Autorinnen der Studie: »Auch wenn in diesem Zeitraum ein Recht auf Schulbesuch besteht, sind die Kinder und Jugendli-chen häufig faktisch vom Schulbesuch ausgeschlossen.« Sie empfiehlt, dass zwischen der Ankunft der Kinder und dem ersten Schulbesuch nicht mehr als drei Monate liegen sollten. Für diesen Überbrückungszeitraum sollten außerdem außerschulische Lernangebote geschaffen werden.

Eine Frage der Finanzierung

Was politisch und organisatorisch getan werden kann und sollte, lässt sich also ablei-ten – doch wie diese Aktivitäten finanziert werden können, ist bisher unklar. Der Bil-dungsökonom Dieter Dohmen vom Berliner Forschungsinstitut für Bildungs- und Sozialökonomie (FiBS) hat ermittelt, dass die Qualifizierung der Flüchtlinge in Deutsch-land – also nicht nur der minderjährigen Schülerinnen und Schüler, sondern auch derje-nigen, die außerhalb des Schulsystems aus- und weitergebildet werden – in den kommenden Jahren mindestens 25 Milliarden Euro, abhängig von der weiteren Entwick-lung aber auch bis zu 50 Milliarden kosten könnte. Dies hängt davon ab, wie viele Flüchtlinge nach Deutschland kommen. Das FiBS hat dafür einmal mit 800 000 Flücht-lingen, einmal mit 1,5 Millionen gerechnet.

Kosten für die Bildung und Qualifizierung von Flüchtlingen (Annahme: 800.000 Personen)	Ausgaben			Grundlage für die Kalkulation der Gesamtkosten	Durchschnittliche Anzahl an Maßnahmen bzw. Jahren	Gesamtkosten (in Euro)
	Kosten je Teilnehmender (in Euro)	Anzahl Teilnehmende bzw. Kinder	Kosten insg. (in Euro)			
Bildungsmaßnahmen, Integrationskurse	2.500	500.000	1.250.000.000	einmalig	1,5	1.875.000.000
Flüchtlingskinder in Kitas	8.100	68.000	550.800.000	jährlich	2,5	1.377.000.000
Willkommensklassen bzw. Schulunterricht	7.100	225.000	1.597.500.000	jährlich	6	9.585.000.000
Berufsvorbereitung (öfftl. Kosten pro Person)	7.500	340.000	2.550.000.000	ein bis zwei Jahre	1,5	3.825.000.000
Berufsbildung (öfftl. Kosten pro Ausbildung)	10.000	300.000	3.000.000.000	über drei Jahre	1	3.000.000.000
Schulische Berufsausbildung bzw. Übergangssystem (öfftl. Kosten pro Ausbildung)	7.500	100.000	750.000.000	über drei Jahre	1	750.000.000
Studium (öfftl. Kosten pro Studium)	26.000	100.000	2.600.000.000	Kosten eines Studiums	1	2.600.000.000
BAföG	8.400	100.000	840.000.000	Kosten eines Studiums	1	840.000.000
Sonstiges (Anpassungs-, Nachqualifizierungsmaßnahmen)			1.000.000.000	jährlich	2	2.000.000.000
Summe			14.138.300.000			25.852.000.000

(Geschätzte) Gesamtkosten der Bildungs- und Qualifizierungsmaßnahmen für die in diesem Jahr Zuwandernden (Annahme 800 000 Flüchtlinge) (FiBS)

Kosten für die Bildung und Qualifizierung von Flüchtlingen (Annahme: 1,5 Mio. Personen)	Ausgaben			Grundlage für die Kalkulation der Gesamtkosten	Durchschnittliche Anzahl an Maßnahmen bzw. Jahren	Gesamtkosten (in Euro)
	Kosten je Teilnehmender (in Euro)	Anzahl Teilnehmende bzw. Kinder	Kosten insg. (in Euro)			
Bildungsmaßnahmen, Integrationskurse	2.500	937.500	2.343.750.000	einmalig	1,5	3.515.625.000
Flüchtlingskinder in Kitas	8.100	127.500	1.032.750.000	jährlich	2,5	2.581.875.000
Willkommensklassen bzw. Schulunterricht	7.100	421.875	2.955.312.500	jährlich	6	17.971.875.000
Berufsvorbereitung (öfftl. Kosten pro Person)	7.500	637.500	4.781.250.000	über drei Jahre	1,5	7.171.875.000
Berufsbildung (öfftl. Kosten pro Ausbildung)	10.000	562.500	5.625.000.000	über drei Jahre	1	5.625.000.000
Schulische Berufsausbildung bzw. Übergangssystem (öfftl. Kosten pro Ausbildung)	7.500	187.500	1.406.250.000	über drei Jahre	1	1.406.250.000
Studium (öfftl. Kosten pro Studium)	26.000	187.500	4.875.000.000	Kosten eines Studiums	1	4.875.000.000
BAföG	8.400	187.500	1.575.000.000	Kosten eines Studiums	1	1.575.000.000
Sonstiges (Anpassungs-, Nachqualifizierungsmaßnahmen)			1.875.000.000	jährlich	2	3.750.000.000
Summe			26.509.312.500			48.472.500.000

(Geschätzte) Gesamtkosten der Bildungs- und Qualifizierungsmaßnahmen für die in diesem Jahr Zuwandernden (Annahme 1,5 Millionen Flüchtlinge)

Zahlen darüber, wie viele Flüchtlinge einerseits schon nach Mitteleuropa und nach Deutschland gekommen sind und wie viele andererseits noch zu erwarten seien, »liegen bisher nur begrenzt und fragmentiert vor«, heißt es in Dohmens Konzept: »Die Bundesfamilienministerin geht von 68 000 Kita-Kindern aus, die Kultusministerinnen und -minister rechnen mit 325 000 zusätzlichen Schülerinnen und Schülern – allerdings enthält diese letztgenannte Zahl etwa 100 000 Flüchtlingskinder des Jahres 2014.« Dabei ist es letztlich egal, ob es um 25 oder 50 Milliarden Euro geht – die Summe ist so oder so unvorstellbar hoch. Dennoch hält der FiBS-Forscher Dieter Dohmen sie für finanzierbar. Mit seinem Vorschlag eines Refugee Impact Funds, eines nationalen Finanzfonds, der gezielt zur Finanzierung der Auswirkungen von Flucht und verstärkter Zuwanderung gegründet wird, will er nicht nur die benötigten Gelder zur Verfügung stellen, sondern auch bürokratische Regeln überwinden, die bisher noch viel zu oft eine effektive Zusammenarbeit verschiedener staatlicher und privater Akteure verhindern. Dieser Fonds, so die Grundüberlegung, soll aktuell und in den kommenden Jahren die Kosten der notwendigen Qualifizierungsmaßnahmen tragen und später einen Teil der Mehreinnahmen und Minderausgaben der öffentlichen Haushalte erhalten, also der Gewinne, die sich durch eine erfolgreiche Bildungsintegration der Flüchtlinge erzielen lassen.

Dieter Dohmen weiß natürlich, dass ein so hoher finanzieller Aufwand auf Vorbehalte stoßen wird. »Dass der aktuelle Zustrom von Menschen aus dem Ausland die Gesellschaft spaltet und die eine Hälfte eher dafür ist, Flüchtlinge in großem Umfang aufzunehmen, während die andere Hälfte eher dagegen ist und große Sorgen und oft auch große Ängste hat, ist durchaus verständlich«, sagt der FiBS-Direktor. Schließlich werde diese umfassende Zuwanderung die Gesellschaft in Deutschland verändern, und niemand wisse, in welche Richtung und wie genau. »Zuwanderung ist Chance und Risiko zugleich und ob sie letztlich zu einer Chance oder zu einem Risiko wird, hängt maßgeblich davon ab, ob es gelingt, die Zuwandernden – wie auch die Einheimischen – möglichst gut zu qualifizieren«, schlägt Dohmen den Bogen zum Themenkomplex Schule, Bildung und Weiterbildung: »Beides muss zusammen und gleichzeitig gedacht und umgesetzt werden, will man eine nachhaltige Spaltung der Gesellschaft und die Gefahr einer zunehmenden Radikalisierung größerer Teile der Gesellschaft verhindern.«

Dazu sei es zunächst wichtig, eine genaue Vorstellung davon zu bekommen, wer eigentlich nach Europa fliehe. Dohmen: »Es kommt höchstwahrscheinlich eine sehr junge Gruppe von Menschen zu uns, über die Hälfte ist unter 25 Jahre, fast drei Viertel höchstens 30 Jahre alt; gleichzeitig sind drei Viertel im erwerbsfähigen Alter. Dass die Hälfte der Zuwandernden im erwerbsfähigen Alter höchstens einen Haupt- oder Realschulabschluss hat, könnte zwar einerseits vor allem auf das junge Alter vieler Zuwandernder zurückzuführen sein, ist aber andererseits zugleich nicht unbedenklich.« Denn um den Anschluss an den europäischen Arbeitsmarkt zu finden, müsse die Qualifikation erweitert und die Schulbildung ausgebaut werden. »Bildung und Qualifizierung sind der Schlüssel für eine gelungene Integration«, sagt der Bildungsökonom. »Nur dann werden aus hunderttausenden Flüchtlingen auch hunderttausende Fachkräfte, die unser Arbeitsmarkt angesichts demografischer Entwicklung gut gebrauchen kann.« Zu den Kosten für Unterbringung und Lebensunterhalt, wofür nach Berechnungen des Deutschen Landkreistages etwa 15 Milliarden Euro aufzubringen sind, kommen im nächsten Jahr noch einmal 5 bis 7,5 Milliarden Euro für Bildung und Qualifizierung hinzu – für Integrations- und andere Sprachkurse, für Kitas, Schulen wie auch die Berufsvorbereitung, eine Ausbildung oder ein Studium sowie Anpassungsqualifizierungen.

»Es ist angesichts dieser Beträge davon auszugehen, dass die öffentlichen Haushalte die Ausgaben für Bildung und Qualifizierung der Flüchtlinge nicht vollständig tragen können«, sagt Dohmen. In dem Fonds-Konzept heißt es weiter: »Auch wenn sich die Beschäftigten in Ministerien und Behörden, wie auch die vielen Ehrenamtlichen, nach Kräften bemühen, ist davon auszugehen, dass die bisherigen Anstrengungen weder ausreichen noch die Personalaufstockungen schnell genug gehen werden. In der Folge geht wertvolle Zeit verloren, um eine möglichst schnelle Integration zu ermöglichen.« Ausgebremst würde das Engagement der Entscheider, Helfer und Flüchtlinge zusätzlich durch bürokratische Verfahren und bestehende Regelungen: »Allgemeine und insbesondere berufsbezogene Sprachkurse, finanzielle Unterstützungsleitungen und so weiter stehen oft erst nach Monaten oder gar Jahren zur Verfügung; das BAföG zum Beispiel erst nach einem Jahr.« Viel zu viel Zeit gehe auf diese Weise verloren, in der Chancen zur Integration durch Bildung verschenkt werden – und genau da soll das neue Finanzierungsmodell ansetzen, indem die benötigten Gelder für die entsprechenden Maßnahmen kurzfristig bereitgestellt werden. Damit, so die Idee, wird vor allem auch die hohe Lernmotivation der Geflüchteten genutzt und verstärkt, anstatt sie der frustrierenden und resignierenden Erfahrung einer monatelangen Wartezeit auszusetzen. »Der Fonds ist nicht an die öffentlichen Regeln und bürokratischen Strukturen gebunden«, sagt Dohmen, »sondern kann eigenständig agieren. Am Ende profitieren davon nicht nur Flüchtlinge und Unternehmen, sondern auch die öffentlichen Kassen. Je eher ein Flüchtling eine Arbeitsstelle findet, desto eher werden aus öffentlichen Ausgaben Steuermehreinnahmen, und die Investition fängt an, sich auszuzahlen.«

Aber lassen sich die positiven Effekte hoher Bildungsinvestitionen bei den Flüchtlingen für die Gesellschaft tatsächlich nachweisen? Dohmen rechnet vor: Für jedes einzelne Jahr kalkuliert er mit bildungsbedingten Kosten von 5 bis 7,5 Milliarden Euro alleine für diejenigen, die im jeweiligen Jahr nach Deutschland kommen. »Diese Ausgabenbeträge werden über mehrere Jahre aufzubringen sein und nur langsam absinken«, schreibt der Bildungsökonom. »Gelingt jedoch die erfolgreiche Integration der Flüchtlinge in den Arbeitsmarkt, wovon in Zeiten des demografisch bedingten Fachkräftemangels bei ausreichender Qualifikation – wie bei den hier Aufgewachsenen auch – auszugehen ist, dann verringern sich nicht nur die Kosten für Unterbringung und Sozialleistungen, sondern es entstehen Mehreinnahmen in den öffentlichen Haushalten und in den Sozialversicherungen.«

Wie hoch diese Mehreinnahmen sein werden, hängt davon ab, wie viele der aktuellen Flüchtlinge später erfolgreich in den Arbeitsmarkt integriert werden können, wie viele Familienangehörige sie versorgen, wie hoch ihr Gehalt sein wird und wie teuer der Bildungsprozess ist, der zu der benötigten Qualifikation führt. »Die recht vorsichtigen Berechnungen zu den zu erwartenden fiskalischen Erträgen kommen fast durchgängig auf zweistellige Beträge, das heißt auf Renditen, die bei über zehn Prozent liegen«, schreibt Dohmen und ergänzt: »In einigen Bereichen – im Hochschulbereich, im Bereich der Nachqualifizierung, im Kitabereich – liegen die Mehreinnahmen des Staates durchaus über 20 Prozent.«

Klug eingesetzt, würden die Mittel des Fonds damit eine erhebliche Rendite für den Staat abwerfen. Um nun Geldgeber wie Privatpersonen, Versicherungen, Unternehmen oder Stiftungen für dieses Finanzinstrument zu interessieren, müssten sie die Chance erhalten, an dieser hohen Rendite zu partizipieren. »Wenn der Fonds davon die Hälfte erhalten würde, dann wäre dies eine Rendite von mindestens fünf oder sechs Prozent für die öffentlichen Kassen, aber auch für den Fonds. Dies ist für beide Seiten eine attraktive Rendite, zumal es sich angesichts des zu erwartenden Fachkräftemangels um eine Investition ohne hohes Risiko handeln würde«, sagt FiBS-Direktor Dieter Dohmen. Dies gilt selbst dann, wenn man annimmt, dass nicht aus jedem Flüchtling eine hochqualifizierte Fachkraft wird. Dabei betont der Bildungsforscher den langfristigen Aspekt der notwendigen Anstrengungen: »Wir müssen uns darüber im Klaren sein, dass wir hier nicht über einmalige Kosten reden, sondern über Beträge, die über mehrere Jahre im Milliardenbereich liegen.« Und: Es geht nicht nur um Kinder und Jugendliche, sondern um eine besondere bildungspolitische Herausforderung, die sich auf das gesamte Bildungssystem erstreckt – auf Flüchtlinge und Einheimische, auf Junge und Alte, Schüler/-innen und Berufstätige. Man dürfe, sagt Dieter Dohmen, eines nicht vergessen: dass es in Deutschland beispielsweise auch über sieben Millionen Erwachsene gebe, die keine abgeschlossene Berufsausbildung haben, und eine etwa gleich hohe Zahl von Menschen, die nicht ausreichend rechnen, schreiben und lesen können. »Wir dürfen jetzt nicht den Fehler machen, Einheimische und Flüchtlinge gegeneinander auszuspielen«, betont der Bildungsforscher, »dies würde nur denen in die Hände spielen, die sich gegen Zuwanderung aussprechen.« Der von ihm entwickelte Refugee Impact Fund ist insofern Teil eines übergreifenden Konzepts für einen Bildungsinvestitionsfonds, der dazu beitragen kann, das Qualifikationsniveau aller hier lebenden Menschen zu verbessern.

Refugee Impact Fund

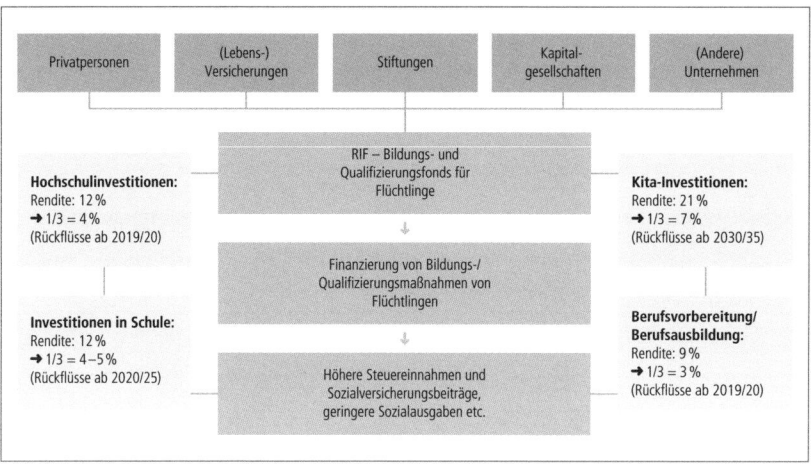

So funktioniert der RIF: Weil der Staat die notwendigen Investitionen nicht alleine stemmen kann, plant das FiBS, den Refugee Impact Fund auch mit privaten Geldmitteln auszustatten. Wer sich finanziell engagiert, soll über den Fonds als Gegenleistung an den öffentlichen Steuer- und Sozialversicherungsmehreinnahmen und Einsparungen bei den Sozialausgaben beteiligt werden (hier beispielhaft dargestellt mit einem Drittel der prognostizierten fiskalischen Rendite). (FiBS)

Eine genauere Betrachtung des vorgeschlagenen Fonds macht deutlich, dass der zeitliche Abstand zwischen den Investitionen und den ersten Rückflüssen für die Geldgeber erheblich differieren kann. Während im Fall der Berufsorientierung bereits nach drei bis fünf Jahren und unter Umständen sogar früher spürbare Renditen für die öffentlichen Haushalte erwartet werden können, ist in der frühkindlichen Bildung frühestens nach 15 bis 20 Jahren mit deutlich spürbaren Effekten zu rechnen. Damit einzelne Bildungsbereiche deshalb nicht bevorzugt werden, müsste eine faire Lasten- und Gewinnverteilung zwischen allen pädagogischen Bereichen garantiert werden. Dennoch, sagt Fonds-Erfinder Dieter Dohmen, bringt der Refugee Impact Fund gleich mehrere positive Aspekte mit sich:

→ Durch zusätzliche Finanzmittel werden Bildungsinvestitionen ermöglicht, die sonst nicht durchgeführt werden könnten.

→ Wartezeiten, die sich aus formalrechtlichen oder bürokratischen Abläufen ergeben, können verkürzt oder ganz vermieden werden.

→ Neu Zugewandte erhalten dadurch zeitnah eine Zukunfts- und Bildungsperspektive, die Frustration des ungewollten Nichtstuns wird vermieden.

→ Es entsteht ein erhöhter Druck auf öffentliche Entscheidungsträger, ausreichend in Bildungs- und Qualifizierungsprozesse für Flüchtlinge zu investieren.

→ Der Fokus der Finanzierung liegt auf fiskalischen und sozialen Erträgen und setzt damit vor allem auf Maßnahmen zur Förderung insbesondere bildungsbenachteiligter Gruppen.

→ Durch die unbürokratische Zusammenarbeit können die Einschränkungen des Bildungsföderalismus überwunden werden.

»Kurzum: Die Gesellschaft bekommt ein Instrument an die Hand, um gezielt ›Lobbyarbeit‹ für bestimmte Bildungsinvestitionen zu betreiben und damit entsprechend Druck auf die öffentlichen Entscheidungsträger ausüben zu können«, sagt FiBS-Direktor Dieter Dohmen – und betont noch einmal, dass sich durch einen solchen Finanzierungsfonds für Bildungsfragen keine Schere zwischen den in Europa Aufgewachsenen und den Zugewanderten öffnen dürfe: »Viele hier aufgewachsene Personen, ob sie einen Migrationshintergrund haben oder nicht, benötigen genauso wie die Flüchtlinge bessere Bildungschancen.« Wenn bei den derzeitigen strategischen und finanziellen Überlegungen der Fokus auf die Bildung und Qualifizierung der Flüchtlinge gelegt wird, dann liegt das vor allem am spürbaren aktuellen Bedarf. Doch das gleiche Fonds-Finanzierungskonzept für Bildungsausgaben kann – und sollte – grundsätzlich auch für Einheimische genutzt werden, bei denen öffentlich geförderte Qualifikationsmaßnahmen eine bessere Teilhabe am Erwerbs- und Gesellschaftsleben ermöglichen können (vgl. Dohmen 2015 a).

Zu Besuch in der Freien Waldorfschule Kreuzberg

In Berlin lernen Flüchtlingskinder eine ganz andere Pädagogik kennen.

Im hinteren Bereich des großen Klassenzimmers steht ein dunkelbrauner Flügel. Bilder hängen an den Wänden, gemalt mit Wasserfarben, in den Regalen liegen die Utensilien der Kinder. Dass dieses Zimmer früher als Englischraum genutzt wurde, kann man noch an der großen Wandinschrift über der Tafel sehen: »to be or not to be, that is the question« steht da mit Verweis auf Shakespeares Hamlet. Sein oder Nichtsein – für die Kinder, die hier unterrichtet werden, ist das keine Frage mehr. Sie sind angekommen, in der Willkommensklasse der Waldorfschule Kreuzberg mitten in Berlin, die in diesem Klassenraum zuhause ist. »Die Waldorf-Pädagogik ist prädestiniert für die Integration von Kindern mit ganz anderen Lebenswegen und für den Umgang mit traumatisierten Flüchtlingskindern«, sagt Ingrid Hüchtker, Mitglied der Kreuzberger Schulleitung. Der Ansatz, jedem Kind in seiner individuellen Persönlichkeit gerecht zu werden und Lernprozessen die Zeit zu geben, die sie benötigen, spiele dabei eine große Rolle.

Vielleicht liegt es an diesem pädagogischen Grundverständnis, dass im Winter 2014 aus dem Kollegium der Waldorfschule heraus der Impuls kam, eine Willkommensklasse für Flüchtlingskinder einzurichten. »Wir haben dann Kontakt zum Senat und zur Schulrätin aufgenommen und unser Interesse signalisiert«, berichtet Ingrid Hüchtker. In Berlin besteht, anders als etwa im benachbarten Brandenburg, auch für freie Schulen wie die Waldorfschule Kreuzberg die Chance, Fördergelder für besondere Flüchtlingsklassen zu erhalten. Die Zustimmung kam schnell, aktuell besuchen elf vom

Schulamt zugewiesene Kinder die Willkommensklasse in der Hälfte der gesamten Unterrichtszeit: »Morgens gehen die Kinder bis zur Pause in den Hauptunterricht ihrer normalen Klasse, danach kommen sie dann hier in die Willkommensklasse«, sagt Swantje Peter, die zusammen mit ihrer Kollegin Wassima Schulz die Flüchtlingsklasse leitet. Im Vordergrund stehen das Deutschlernen, Förderunterricht im Rechnen und künstlerisches Arbeiten wie Malen und Handarbeiten. »Die Kinder sollen ja nicht nur besonderen Unterricht erleben, sondern auch im Strom unseres normalen Schulalltags mitschwingen«, begründet Swantje Peter dieses Parallelkonzept mit zwei Lerngruppen. Interessant sei es, wie unterschiedlich sich die Flüchtlingskinder zum Teil in den beiden Gruppen verhalten: »In der Regelklasse sind sie manchmal ganz ruhig, in der Willkommensklasse dann ganz aufgedreht und lebhaft«, erzählt die Lehrerin, die selbst auch noch Klassenlehrerin einer vierten Klasse ist und den Wechsel zwischen beiden Lerngruppen hautnah mitbekommt. Es sei »ungeheuer hilfreich«, dass ihre Kollegin Wassima Schulz nicht nur Arabisch spreche, sondern auch Traumapädagogin und Psychologin sei, weil manche der Kinder nach den Erlebnissen von Krieg und Flucht einfach besondere Zuwendung brauchen. Ohnehin ist die Betreuung in der Willkommensklasse überdurchschnittlich intensiv, bestätigt auch Ingrid Hüchtker, die hier als Rechenlehrerin im Einsatz ist: »Ich habe immer mal wieder Schüler der Oberstufe zur Unterstützung dabei – das läuft prima.«

Die Hilfsbereitschaft und das berufliche und ehrenamtliche Engagement sind enorm, nicht nur im Kollegium und bei den Schülerinnen und Schülern der Waldorfschule, sondern auch in der Elternschaft. Alle Flüchtlingseltern haben sogenannte Elternpaten an ihrer Seite, die sie bei Bedarf zum Beispiel beim Kontakt mit der Schule oder Ämtern unterstützen. »Auch zwischen den Kindern ist ganz, ganz schnell eine riesige Verbundenheit entstanden«, erzählt Swantje Peter, »die Kinder haben sich regelrecht darauf gestürzt, den jungen Flüchtlingen zu helfen, und sind nachmittags zum Teil sogar zu ihnen nach Hause gefahren, um Deutsch zu lernen und weiterzuüben.« Die Bereitschaft, sich mit der Situation der neuen Mitschülerinnen und Mitschüler auseinanderzusetzen, ist groß – erst recht, wenn im Unterricht etwa das Thema »Heimat« auf dem Lehrplan steht. So schrieb Raneem, Schülerin der vierten Klasse und aus Syrien nach Berlin gekommen, einen kurzen Aufsatz über ihre Situation:

Das erste Mal, als ich in die Klasse kam

Die Schüler waren sehr glücklich, dass ich zu ihnen kam. Sie haben mich mitspielen lassen. Ich war sehr glücklich darüber. Sie mochten mich und ich bin bei ihnen in der Klasse geblieben und die Lehrerinnen haben mir alles gegeben. Deswegen liebe ich die wunderschöne Klasse. Auf dem Weg zur Schule sagen sie zu mir ›Guten Morgen‹ und ich antworte ›Guten Morgen‹. Wenn ich nach Hause gehe und die Dunkelheit kommt, glaube ich nicht, dass der Morgen kommt und dass ich zur Schule gehen kann, damit ich mit meinen Freunden spielen kann. Was für eine wunderschöne, tolle Klasse!

Auch der neunjährige Lasse machte sich Gedanken – aus der Perspektive eines Kindes, das seit einiger Zeit Flüchtlingskinder als Klassenkameradinnen und -kameraden hat. Der Text wurde sogar im Rahmen einer Lesung in einer Buchhandlung vorgetragen:

Fremd sein

Wisst ihr vielleicht, wie man sich fremd fühlt, wie es ist, wenn man niemanden kennt? Ich habe ein Beispiel. Als ich das erste Mal in meinem Chor war und noch niemanden kannte. Ihr kennt vielleicht das Gefühl, wenn man sich elend fühlt.
Ich habe mich gefragt, wie es so einem Flüchtling geht, der frisch aus einem Land gekommen ist, der nicht unsere Sprache kennt. Wahrscheinlich fühlt er sich fremd. In meiner Klasse sind 2 Flüchtlingskinder. Ich frage mich, wie sie sich fühlen. Bestimmt fremd.

Raneems zweiter Text liest sich fast wie eine Erwiderung – und wie ein klares Statement, dass sie sich angekommen fühlt:

Was mag ich an meiner Schule?

Ich liebe meine Lehrerinnen sehr, weil sie mich lieben, mir was beibringen. Ich bin sehr glücklich, dass ich die deutsche Sprache lernen werde. Ich liebe meine vierte Klasse und meine Freunde sehr. Wir spielen gerne miteinander. Ich liebe sie sehr. Ich liebe die Willkommensklasse, weil sie mir viele nützliche Sachen beibringen wie auch die deutsche Sprache. Die Lehrerinnen dort spielen mit uns und bringen mir was bei. Oh, wie schön ist die Schule!

Die Elternarbeit, sagt Ingrid Hüchtker, sei aus ihrer Erfahrung ein ausgesprochen wichtiges Element. Einerseits werde damit die Willkommensklasse zu einem Thema aller Familien, die ihre Kinder auf die Waldorfschule schicken: So konnte beispielsweise aus Elternspenden ein Budget zur Verfügung gestellt werden, aus dem für die Kinder der Klasse der Kauf von Blockflöten und der dazugehörige Musikunterricht finanziert werden. Andererseits gebe es, gerade weil es sich um eine Privatschule mit besonderer pädagogischer Ausrichtung handelt, auch einigen Erklärungsbedarf in Richtung der Flüchtlingseltern. Denn diese wundern sich über die große Bedeutung von Fächern wie Musik, Handarbeit, Religion oder Eurythmie und darüber, dass es keine Ziffernnoten gibt. »Wir müssen da schon manches Mal unser Modell erklären – und auch die Tatsache, dass bei uns normalerweise Schulgeld bezahlt werden muss«, sagt Ingrid Hüchtker. Für die vom Schulamt zugewiesenen Flüchtlingskinder finanziert der Senat eine Klassenlehrerstelle; dennoch sei es wichtig, dass diese Prinzipien und der besondere Status als freie Schule kommuniziert werden. Jede Familie habe die Möglichkeit, sich gegen den Besuch der Waldorfschule zu entscheiden – was bisher aber nicht vorgekommen ist. Stattdessen wird die enge Kommunikation mit den Eltern, ganz im Sinne der Waldorfpädagogik, fortgesetzt – etwa dann, wenn es um eine Klassenfahrt geht. »Da haben manche Eltern, nach allem, was sie auf der Flucht erlebt haben, manchmal einfach Angst, ihre Kinder für ein paar Tage nicht zu sehen«, erzählt Ingrid Hüchtker. Und vertrauen dann letztlich doch den Lehrerinnen und Lehrern – auch das ist eine Form von wiedergewonnener Normalität.

Ob die besondere Arbeit in der Willkommensklasse eine Belastung sei? »Nein«, sagt Klassenlehrerin Swantje Peter und schüttelt sofort energisch den Kopf: »Ich empfinde das überhaupt nicht als belastend, sondern – im Gegenteil – als extrem bereichernd.« Da gebe es bewegende Momente, etwa, wenn ein Mädchen, dessen lebensgefährliche Fluchtroute über das Mittelmeer geführt hat, in Berlin schwimmen lernt und stolz ihr Seepferdchen-Abzeichen präsentiert. Für einen kurzen, nachdenklichen Moment schweigt Swantje Peter, dann sagt sie leise: »Manchmal frage ich mich: Wie kann ein Kind, das so schlimme Dinge erlebt hat, so strahlen und so glücklich sein?«

Die Bildungsgewerkschaft GEW hat, ebenfalls mit Blick auf die politisch Handelnden und deren Verantwortung für Flüchtlingskinder, eine Liste mit kurzfristigen Empfehlungen veröffentlicht (vgl. GEW 2015 b). Darin setzt sie sich unter der Überschrift »Bildung kann nicht warten« vor allem für eine dringende Anpassung der geltenden Rechtslage und der Verwaltungspraxis beim Umgang mit geflohenen Kindern, Jugendlichen und jungen Erwachsenen ein. Genannt werden:

→ Eine sichere Aufenthaltsperspektive bis zum Abschluss der Ausbildung, des Schul- oder Bildungsgangs.

→ Ein grundsätzliches Recht der Flüchtlinge darauf, für Bildung und Ausbildung mobil sein zu können. Die Bewegungsfreiheit für Bildung darf demnach nicht durch eine Residenzpflicht eingeschränkt sein.

→ Flüchtlinge sollen über ihre Rechtsansprüche im Hinblick auf die Bildung ihrer Kinder aufgeklärt und informiert werden, also beispielsweise über das Recht auf einen Kita-Platz, und zwar mit mehrsprachigen Informationskampagnen zu Bildungsangeboten und Zugangsmöglichkeiten.

→ Die Schulpflicht soll idealerweise ab dem ersten Tag, spätestens aber drei Monate nach Ankunft gelten, der Zugang zu Bildung diskriminierungsfrei möglich sein.

→ Das Recht zum Besuch einer berufsbildenden Schule soll auf junge Erwachsene bis zum Alter von 25 Jahren ausgedehnt werden.

→ Die Ausländerbehörden sollen bei Aufenthaltsgenehmigungen und Duldungen auf Ausbildungs- und Studierverbotsauflagen verzichten.

→ Die Mindestaufenthaltsdauer bis zum möglichen Bezug von BAföG und anderen Fördermöglichkeiten während des Schulbesuchs, Studiums oder einer Ausbildung soll verkürzt werden.

→ Bürokratische Hürden bei der Anerkennung von ihm Ausland erworbenen Qualifikationen und Kompetenzen sollen schnell abgebaut werden.

Aber nicht nur beim Umgang mit Flüchtlingen und bei der Wertschätzung und Anerkennung ihre Kenntnisse sieht die GEW Handlungsbedarf, auch für die Ausstattung von Schulen und den Umgang mit Lehrkräften hat sie eine Handlungsliste zusammengestellt. So fordert die GEW (2015 b):

→ ein Sofortprogramm zur Förderung der Aus-, Fort- und Weiterbildung im Bereich »Deutsch als Zweitsprache« oder »Deutsch als Fremdsprache«,

→ die Einstellung zusätzlicher Lehrkräfte für den Unterricht mit geflüchteten Kindern und Jugendlichen,

→ die Einrichtung von Willkommensklassen für Flüchtlingskinder mit höchstens zwölf Schülerinnen und Schülern pro Klasse,

→ von Anfang an ergänzenden Sprachunterricht neben dem Regelunterricht,

→ den Ausbau der Schulsozialarbeit durch mindestens zwei Fachkräfte an jeder Schule mit eigener Flüchtlingsklasse,

→ den Ausbau von »Deutsch als Zweitsprache« zu einem vollwertigen Lehramtsfach in der Lehrerausbildung,

→ in allen Bundesländern die Einführung durchgängiger Sprachbildung als verpflichtenden Bestandteil in allen Lehramtsfächern, wie es einzelne Länder bereits praktizieren,

→ die Ausweitung der assistierten Ausbildung und der ausbildungsbegleitenden Hilfen in der beruflichen Bildung,

→ generell den Ausbau der Beratungs-, Betreuungs- und Unterstützungsangebote für junge Flüchtlinge,

→ den Ausbau der schulpsychologischen Unterstützungsangebote sowie

→ eine bessere Beratung, Vernetzung und Unterstützung von Lehrerinnen und Lehrern, unter anderem durch den Aufbau einer Hotline und durch eine bundesweite
   Internetplattform als Austauschforum.

Insgesamt muss das Thema Lernen in Deutschland demnach zu einer dauerhaften
Querschnittaufgabe des gesamten Bildungssystems werden. Denn klar ist, dass unsere
Gesellschaft längst von Verschiedenheit geprägt ist: »Migrationsbedingte Diversität
gehört zur Alltagsrealität«, stellt die GEW fest. Die sich daraus ergebenden Fragestel-
lungen müssten »systematisch und unter Beteiligung der Politik, der Sozialpartner
und weiterer zivilgesellschaftlicher Akteure bearbeitet« und dafür dann dauerhaft
wirksame Lösungen gefunden werden, die sich auch strukturell im Bildungswesen
niederschlagen.

Die Formulierung dieser Forderungen macht deutlich, dass hier Veränderungen auf
mehreren Ebenen eingefordert werden – und dass neben kurzfristigen, pragmatischen
Lösungen für unmittelbar anstehende Probleme auch dauerhafte Veränderungen in
der Bildungspolitik und in der Organisation, Struktur und Ausstattung von Schulen
nötig sind. Tatsächlich dürfte eines der größten Hemmnisse zumindest in der deutschen Bildungspolitik, das sogenannte Kooperationsverbot zwischen Bund und Ländern, unter dem Druck der aktuellen Entwicklung ins Wanken geraten. Denn der Blick
auf die Liste der politischen Forderungen wie die bessere Ausstattung der Schulen
und die Einstellung von zusätzlichen Fachkräften zeigt, dass die Kommunen als Schulträger und die Länder als Hüter der schulpolitischen Bildungshoheit finanziell an ihre
Grenzen kommen. Selbst, wenn der von Bildungsökonomen Dieter Dohmen vorge-
schlagene Finanzierungsfonds zügig umgesetzt wird, kommt die Bundesebene an
einer umfangreichen finanziellen Beteiligung an den anstehenden Aufgaben nicht
vorbei – und damit verschieben sich auch die sorgsam austarierten Gleichgewichte
zwischen Bund und Ländern in dieser Frage. Die GEW-Forderung nach einer hochran-
gigen Arbeitsgruppe von Bund, Ländern, Gemeinden, Gewerkschaften, Migrantenor-
ganisationen und Trägern von Bildungseinrichtungen aufgreifend, muss an dieser
Stelle die Frage erlaubt sein, ob es nicht Zeit ist, das lähmende Kooperationsverbot
abzuschaffen und durch eine neue Form der bildungspolitischen Partnerschaft zwischen Bund und Ländern abzulösen.

Zu entscheiden und zu verändern gäbe es genug. So stellen die Jugendforscher Thomas Meysen und Nerea Gonzáles Méndez de Vigo mit Blick auf die zahlreichen minderjährigen Flüchtlinge in Deutschland fest: »Was Staat und Gesellschaft leisten, um ihre Rechte zu wahren, ist weltweit beispielhaft – dennoch gibt es noch etliche unbewältigte Aufgaben« (vgl. hier und im Folgenden Meysen/Gonzáles Méndez de Vigo 2015). Grundsätzlich hätten sich Gesetzgebung und Rechtsprechung in Deutschland in den vergangenen Jahren durchaus positiv entwickelt und der besonders schutzbedürftigen und entwicklungsgefährdeten Gruppe von Flüchtlingskindern eine zunehmend bessere Betreuung zukommen lassen. Dies geschieht im Einklang mit der UN-Kinderrechtskonvention. Dennoch, so Meysen und Gonzáles Méndez de Vigo, gebe es zum Teil noch erhebliche Schwierigkeiten, was sich im Alltag von asylsuchenden und irregulär eingereisten Kindern zeigt. »Für sie gelten die Prinzipien der Nichtdiskriminierung und des Kindeswohlvorrangs häufig nicht.« Mit Bezug auf den UN-Ausschuss für die Rechte der Kinder listen Meysen und Gonzáles Méndez de Vigo die Versäumnisse auf, bei denen ihrer Meinung nach politisches Handeln dringend erforderlich ist:

→ Flüchtlingskindern wird in Deutschland der Zugang zu gesundheitlicher Versorgung erschwert oder teilweise sogar versperrt. »Im Wesentlichen wird nach dem Asylbewerberleistungsgesetz (AsylbLG) nur die Behandlung akuter Erkrankungen und Schmerzen gewährleistet, einschließlich der Versorgung mit Schutzimpfungen, Arznei und Verbandsmitteln. Zahnersatz erfolgt nur, soweit dies im Einzelfall aus medizinischen Gründen unaufschiebbar ist. Die Behandlung chronischer Erkrankungen ist vom Leistungsspektrum des AsylbLG überhaupt nicht erfasst, psychologische Unterstützungen nur unzureichend.«

→ Weil asylsuchende Kinder in den ersten 15 Monaten ihres Aufenthalts in der Regel nur eine Grundversorgung erhalten, die deutlich unterhalb des Existenzminimums der Sozialhilfe oder der Grundsicherung für andere in Deutschland lebende Kinder liegt, mahnt der UN-Ausschuss auch eine Ungleichbehandlung beim Zugang zu Bildung und bei der Sicherung des dafür notwendigen Unterhalts an.

→ Probleme gibt es ebenfalls bei der rechtlichen Vertretung: »Bislang hat sich der Gesetzgeber über eine langjährige Forderung des UN-Kinderrechtsausschusses hinweggesetzt: Nämlich unbegleiteten Kindern und Jugendlichen eine unabhängige, rechtlich und kultursensibel qualifizierte Vertretung zu garantieren«, schreiben Meyer und Gonzáles Méndez de Vigo: »Direkt nach der Ankunft bis zur bundesweiten Verteilung sollen die unbegleiteten Kinder und Jugendlichen ohne gesetzlichen Vertreter bleiben, um so den reibungslosen Ablauf des Verteilungsverfahrens nicht zu erschweren.«

Nimmt man die UN-Kinderrechtskonvention ernst, dann muss – da sind sich Juristen einig – auch für Flüchtlingskinder bei allen Maßnahmen das Kindeswohl im Vordergrund stehen. Dieser Gesichtspunkt muss zwingend vorrangig berücksichtigt werden, und er bindet öffentliche und private Einrichtungen, Gerichte, Behörden und den Gesetzgeber. Doch in Deutschland ist das häufig nicht mehr als ein normativer Appell ohne konkrete Auswirkungen – denn im deutschen Recht fehlt eine Definition dessen, was unter »Kindeswohlvorrang« zu verstehen ist. Wie sich das auswirken kann, haben die Autoren während der Arbeit an diesem Buch erleben müssen: Eine 17-jährige Albanerin, die als Flüchtling nach Deutschland gekommen war, hier während des Anerkennungsverfahrens bereits länger als ein Jahr eine Schule besucht hatte, im schulischen Umfeld »vorbildlich integriert« war und für dieses Buch von ihren Erfahrungen als Flüchtlingskind in einer neuen Umgebung berichten wollte, wurde mitten im Schuljahr von den nordrhein-westfälischen Behörden ohne Berücksichtigung dieses »Kindeswohlvorrangs« in ihr Herkunftsland abgeschoben und mit einer mehrjährigen Wiedereinreisesperre belegt.

Lernen sollte immer unser Ziel sein, sagt Fluisa Pasho. Sie will am Städtischen Gymnasium in Wermelskirchen das Abitur schaffen.

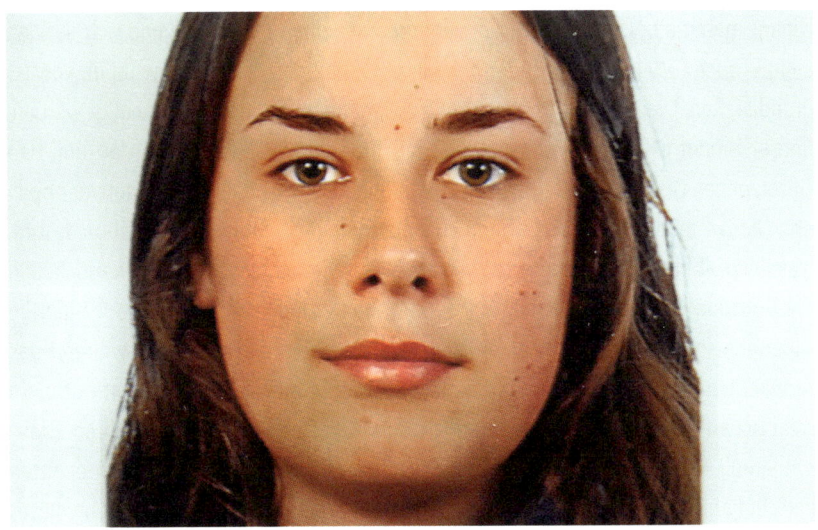

Für mich persönlich ist Schule etwas ganz Wichtiges und eine ganz besondere Sache. Ich war traurig, weil ich ganz am Anfang für zwei Monate nicht in die Schule gehen konnte.

Ich finde, dass Schule mehr ist als nur Lernen. Schule bedeutet etwas anderes: ein Ort, an dem man viel mehr kann als nur zu lernen; ein Ort, wo die Gesellschaft entsteht; und ein Ort, wo wir im Laufe der Zeit viel Zeit verbringen und geprägt werden. Nach zwei Monaten durfte ich zum Glück in die Schule gehen.

Es war eine Klasse im Städtischen Gymnasium Wermelskirchen, die Integrationsklasse, wo ich vier Monate lang Deutsch gelernt habe. Ich finde diese Integrationsklasse gut, obwohl wir alle verschiedene Muttersprachen hatten. Trotzdem war es einfach, uns untereinander zu verständigen und das Deutschlernen als gemeinsamen Weg zu erleben. Danach war ich für zwei Monate in der 9. Klasse, um zu gucken, ob ich da schon alles verstehen konnte oder nicht. Ich finde, in eine normale Klasse zu gehen, ist ganz schön, aber auf der anderen Seite ist es auch ziemlich schwer. Jetzt bin ich in der 10. Klasse und damit in der Oberstufe. Das fühlt sich gut an, richtig in die deutsche Schule zu kommen, aber es war auch hier am Anfang ziemlich schwierig. Aber mit der Zeit habe ich mehr und mehr gelernt und komme jetzt ganz gut zurecht.

Mein Berufswunsch? Ich würde gerne Journalistin sein. Aber zurzeit liegt das noch in weiter Ferne. Ich muss erst einmal meinen Schulabschluss machen und weiter Deutsch lernen. Die elf Jahre Schulzeit, die ich in Albanien schon hinter mir hatte, werden hier nicht komplett anerkannt. Für meinen Schulabschluss ist das sehr kompliziert: Obwohl ich die Oberstufe des Gymnasiums besuche, muss ich noch zusätzliche Prüfungen absolvieren. Das ärgert mich ein bisschen, denn ich könnte schon weiter sein. Andererseits machen solche Schwierigkeiten, die immer vorkommen können, mich auch stark.

Ich finde die Schule hier in Deutschland besser als die in Albanien. Wenn ich in Albanien etwas nicht verstehe, kann ich einen Nachhilfekurs belegen – aber der kostet Geld. Ich kann auch meine Note in einem Fach verbessern, wenn ich Geld dafür bezahle. Ich freue mich sehr, dass es solche Probleme hier in Deutschland nicht gibt.

Ich versuche auch schon, deutsche Texte zu schreiben, aber das ist manchmal noch ein bisschen schwierig. Das Schreiben auf Deutsch fällt mir noch nicht ganz so leicht. Vielleicht ist es auch ein bisschen zu früh, um alles zu können – ich lebe ja erst seit etwas mehr als einem Jahr hier.

Wenn ich in der Schule bin, macht mich das ganz froh. Ich habe hier viele Freunde und es ist schön, wenn wir zusammen arbeiten und sie mir Wörter erklären oder anderen Dinge, die ich noch nicht verstehe. Sie sind immer für mich da. Das fühlt sich gut an, und ich bin so dankbar dafür. Weil ich Freunde habe, die mir gerne helfen, sieht alles nicht mehr so schwierig aus. Ich mag die Schule gerne, und mein nächstes Ziel ist es jetzt, die Prüfung für die gymnasiale Oberstufe zu schaffen. Schule muss für alle wichtig sein. Was wir heute in der Schule (und nicht nur hier) lernen, ist morgen unsere Leben. Die Schule ist die einzige Möglichkeit für ein besseres Leben in der Zukunft. Die Schulen sollten die besten Freunde von jedem von uns sein. Lernen, lernen und nur lernen, das sollte immer unser Ziel sein.

Literaturverzeichnis

von Altenbockum, Jasper (2015): Streit in der Koalition: Asylpaket vorerst gescheitert. Auf: http://www.faz.net/aktuell/politik/fluechtlingskrise/zweites-asylpaket-vorerst-gescheitert-13925835.html (06.04.2016)

APA, Austria Presse Agentur (2016 a): Österreich: 90 000 Asylanträge im Jahr 2015. Auf: http://derstandard.at/2000028877483/90-000-Asylantraege-im-Jahr-2015 (06.04.2016)

APA, Austria Presse Agentur (2016 b): Österreichs Schulsystem durch Flüchtlinge nicht überfordert. Auf: http://www.salzburg.com/nachrichten/oesterreich/politik/sn/artikel/oesterreichs-schulsystem-durch-fluechtlinge-nicht-ueberfordert-184107/ (06.04.2016)

Arbeitsmarktservice Wien, Service für Ausländerbeschäftigung (2016): Lehrausbildung für Asylbewerber/-innen. Auf: http://arbeitsmarktzugang.prekaer.at/files/2013/02/AMS-Mangelberufsliste_Lehrausbildung.pdf (06.04.2016)

Arbeitsmarktservice Wien (2016): Pressekonferenz – Asylberechtigte auf Jobsuche. Auf: http://www.ams.at/ueber-ams/medien/ams-oesterreich-news/asylberechtigte-auf-jobsuche (06.04.2016)

Bade, Klaus J. (2007): Versäumte Integrationschancen und nachholende Integrationspolitik. Auf: http://www.bpb.de/apuz/30457/versaeumte-integrationschancen-und-nachholende-integrationspolitik (06.04.2016)

Bundesamt für Migration und Flüchtlinge (2016 a): Aktuelle Zahlen zu Asyl, Februar 2016. Auf: https://www.bamf.de/SharedDocs/Anlagen/DE/Downloads/Infothek/Statistik/Asyl/statistik-anlage-teil-4-aktuelle-zahlen-zu-asyl.pdf?__blob=publicationFile (06.04.2016)

Bundesamt für Migration und Flüchtlinge (2016 b): Unbegleitete Minderjährige. Auf: http://www.bamf.de/DE/Migration/AsylFluechtlinge/Unbegleitete%20Minderjährige/unbegleitete-minderjährige-node.html (06.04.2016)

Bundesamt für Migration und Flüchtlinge (2016 c): 476.649 Asylanträge im Jahr 2015. Auf: https://www.bamf.de/SharedDocs/Meldungen/DE/2016/201610106-asylgeschaeftsstatistik-dezember.html (06.04.2016)

Bundesamt für Migration und Flüchtlinge (2016 d): Asylgeschäftsstatistik für den Monat Dezember 2015. Auf: http://www.bamf.de/SharedDocs/Anlagen/DE/Downloads/Infothek/Statistik/Asyl/201512-statistik-anlage-asyl-geschaeftsbericht.pdf?__blob=publicationFile (06.04.2016)

Becker, Jürgen; Meurer, Franz; Stanowski, Martin (2011): Von wegen nix zu machen… Werkzeugkiste für Weltverbesserer. Köln

Beglinger, Martin (2016): Integration in der Schweiz: Lob der Mehrheitsgesellschaft. Kommentar. Auf: http://www.nzz.ch/meinung/kommentare/lob-der-mehrheitsgesellschaft-ld.4515 (06.04.2016)

Behörde für Schule und Berufsbildung (2016): Zuwanderung: So werden schulpflichtige Flüchtlinge auf den Besuch einer Hamburger Schule vorbereitet. Auf: http://www.hamburg.de/schule-fuer-fluechtlinge/4608870/vorbereitung-auf-regelschule/ (06.04.2016)

Behörde für Schule und Berufsbildung Hamburg (2015): Allgemeinbildende Schulen Wie viel Prozent der Schülerinnen und Schüler haben einen Migrationshintergrund? Schuljahresstatistik 2015. Auf: http://www.hamburg.de/schuljahr-in-zahlen/4662018/sus-migrationshintergrund/ (06.04.2016)

Bildungsklick (2016): Flüchtlinge: Zwischen Klassenarbeit und Kriegstrauma. Fünf Fragen an den Kinder- und Jugendpsychiater Prof. Dr. Hubertus Adam. Auf: http://bildung-plus.de/lernen/sites/2016-01_Zwischen_Klassenarbeit_und_Kriegstrauma.html (06.04.2016)

Blaß, Katharina; Himmelrath, Armin (2016): Berufsschulen auf dem Abstellgleis. Wie wir unser Ausbildungssystem retten können. Hamburg

Bistritzky, Heidi (2013): Schule. In: Adam, Hubertus; Inal, Sarah (Hrsg.): Pädagogische Arbeit mit Migranten- und Flüchtlingskindern. Weinheim und Basel

Bos, Wilfried; Wendt, Heike (2008): Bildungsgerechtigkeit in Deutschland: Zur Situation von Kindern und Jugendlichen mit Migrationshintergrund. In: Bertelsmann Stiftung (Hrsg.): Integration braucht faire Bildungschancen. Gütersloh

Büchel, Helga (2011): Sprachförderung in Hamburg. Das Hamburger Sprachförderkonzept. In: Neumann, Ursula; Schneider, Jens (Hrsg.): Schule mit Migrationshintergrund. Münster

Bundesfachverband unbegleitete minderjährige Flüchtlinge (2016 a): Inobhutnahme. Auf: http://www.b-umf.de/de/themen/inobhutnahme (06.04.2016)

Bundesfachverband unbegleitete minderjährige Flüchtlinge (2016 b): Umverteilung. Auf: http://www.b-umf.de/de/themen/umverteilung (06.04.2016)

Bundesfachverband unbegleitete minderjährige Flüchtlinge (2016 c): Factfinding zur Situation von Kindern und Jugendlichen in Erstaufnahmeeinrichtungen und Notunterkünften. Auf: http://www.b-umf.de/images/UNICEF_BUMF_FactFinding_Flüchtlingskinder.pdf (06.04.2016)

Bundesfachverband unbegleitete minderjährige Flüchtlinge (2016 d): [Willkommen in Deutschland!] Ein Wegweiser für unbegleitete minderjährige Flüchtlinge. Auf: http://www.b-umf.de/images/willkommen/willkommendeutsch-web.pdf (06.04.2016)

Bundesministerium des Innern (2015): Flüchtlinge in der Berufsausbildung. Fragen und Antworten zum Aufenthaltsstatus und zum Zugang zur Berufsausbildung. Berlin

Bundesministerium für Bildung und Frauen (2015): Flüchtlingskinder und -jugendliche an österreichischen Schulen, Beilage zum Rundschreiben 21/2015. Auf: https://www.bmbf.gv.at/ministerium/rs/2015_21_beilage.pdf (06.04. 2016)

Bundesministerium für Bildung und Forschung (2015): Flüchtlinge durch Bildung integrieren. Auf: https://www.bmbf.de/de/fluechtlinge-durch-bildung-integrieren-1944.html (06.04.2016)

Bundesministerium für Europa, Integration und Äußeres (2016 a): Integrationsminister Kurz lobt Umsetzung des Fassmann-Integrationsplans in Vorarlberg. Auf: https://www.bmeia.gv.at/das-ministerium/presse/aussendungen/2016/02/integrationsminister-kurz-lobt-umsetzung-des-fassmann-integrationsplans-in-vorarlberg/ (06.04.2016)3

Bundesministerium für Europa, Integration und Äußeres (2016 b): 50 Punkte – Plan zur Integration von Asylberechtigten und subsidiär Schutzberechtigten in Österreich. Auf: https://www.bmeia.gv.at/fileadmin/user_upload/Zentrale/Integration/Publikationen/Integrationsplan_final.pdf (06.04.2016)

Bundesministerium für Familie, Senioren, Frauen und Jugend (2006): Nationaler Aktionsplan. Für ein kindergerechtes Deutschland 2005–2010. Auf: http://www.b-umf.de/images/stories/dokumente/nap-kindergerechtes-deutschland.pdf (06.04.2016)

Bundesministerium für Inneres (2015): Vorläufige Asylstatistik. Dezember 2015. Auf: http://www.bmi.gv.at/cms/BMI_Asylwesen/statistik/files/Asylstatistik_Dezember_2015.pdf (06.04.2016)

Bundesregierung (2016): Asypaket II in Kraft. Kürzere Verfahren, weniger Familiennachzug. Auf: https://www.bundesregierung.de/Content/DE/Artikel/2016/02/2016-02-03-asylpaket2.html (06.04.2016)

DaZ Zürich (2016): Verein Zürcher Lehrpersonen Deutsch als Zweitsprache. Geflüchtete Kinder und Jugendliche. Herausforderungen für Schulen und deren Kooperationspartner/innen. März 2016. Zürich.

derstandard.at (2015): Asylwerber können in mehreren Berufen Lehre machen. Auf: http://derstandard.at/2000023276792/Asylwerber-koennen-in-mehr-Berufen-Lehre-machen (06.04.2016)

Deutscher Lehrerverband (2015): Lehrerverbände fordern Masterplan zur Integration heranwachsender Flüchtlinge in das Schulwesen. Auf: http://www.lehrerverband.de/aktuell_10_Punkte_Integration.html (06.04.2016)

Didacta (2016): didacta-Statement zum Beginn der didacta 2016. Auf: http://www.bildungsspiegel.de/news/weiterbildung-bildungspolitik/456-didacta-vielfalt-ist-ein-gewinn-fuer-die-bildung (06.04.2016)

Die Presse (2016): Österreich: 75 Millionen Euro für Integration verteilt. Auf: http://diepresse.com/home/politik/innenpolitik/4910229/Osterreich_75-Millionen-Euro-fur-Integration-verteilt (06.04.2016)

Die Presse (2015): Schule: Mehr Flüchtlingskinder als erwartet. Auf: http://diepresse.com/home/bildung/schule/4892865/Schule_Mehr-Fluchtlingskinder-als-erwartet?from=simarchiv (06.04.2016)

Dierks, Benjamin (2016): Integration in Deutschland und Österreich Versuchslabor für die Mehrheitsgesellschaft. Auf: http://www.deutschlandfunk.de/integration-in-deutschland-und-oesterreich-versuchslabor.724.de.html?dram:article_id=347917 (06.04.2016)

Dohmen, Dieter (2015 a): Education Investment Fund – ein innovativer Ansatz zur Finanzierung zusätzlicher Bildungsausgaben, FiBS-Forum Nr. 56. Berlin. Auf: http://www.fibs.eu/de/sites/_wgData/Forum_056_Education%20Investment%20Fund_final.pdf (8.4.2016)

Dohmen, Dieter (2015 b): Ein Refugee Impact Fund zur Finanzierung von Bildung und Qualifizierung für Flüchtlinge. FiBS-Forum Nr. 57. Berlin. Auf: http://www.fibs.eu/de/sites/_wgData/FiBS-Forum_057_RIF-Refugee%20Impact%20Fund.pdf (8.4.2016)

dpa (2016): Experte: Traumata bei Flüchtlingen sind Integrationshindernis. Auf: http://www.welt.de/newsticker/dpa_nt/infoline_nt/wissenschaft_nt/article152583663/Traumata-bei-Fluechtlingen-sind-Integrationshindernis.html (06.04.2016)

dpa (2015 a): Studie kritisiert Wartezeit von Flüchtlingskindern auf Schulbesuch – »Herausforderungen waren vorhersehbar«. Auf: http://www.news4teachers.de/2015/10/laendersache-studie-bemaengelt-flickenteppich-bei-der-schulpflicht-von-fluechtlingskindern/ (06.04.2016)

dpa (2015 b): Flüchtlingskinder: Wie gehen Lehrer mit Schülern um, die nur den Krieg kennen? Auf: http://www.news4teachers.de/2015/09/fluechtlingskinder-wie-gehen-lehrer-mit-schuelern-um-die-nur-den-krieg-kennen/ (06.04.2016)

Drucksache 17/6497 (2011): Beschlussempfehlung und Bericht des Innenausschusses. Auf: http://dipbt.bundestag.de/dip21/btd/17/064/1706497.pdf (06.04.2016)

Erziehungsdirektion des Kantons Bern (2016 a): Brückenangebote Kanton Bern. Auf: http://www.erz.be.ch/erz/de/index/berufsbildung/brueckenangebote.html (06.04.2016)

Erziehungsdirektion des Kantons Bern (2016 b): Merkblatt: Flüchtlingskinder in der Volksschule. Auf: http://www.erz.be.ch/erz/de/index/kindergarten_volksschule/kindergarten_
volksschule/interkulturelle_bildung.assetref/dam/documents/ERZ/AKVB/de/09_
Schulleitungen_Lehrpersonen/sl_lp_Unterlagen_asylsuchende_kinder_d.pdf (06.04.2016)

Erziehungsdirektion des Kantons Bern (2016 c): Traumatisierte Kinder und Jugendliche –
Was kann die Schule tun? Auf: http://www.erz.be.ch/erz/de/index/kindergarten_volks-
schule/kindergarten_volksschule/interkulturelle_bildung.assetref/dam/documents/ERZ/
AKVB/de/Erziehungsberatung/Regionalstellen/Bern/EB_BE_Traumatisierte%20Kinder%20
und%20Jugendliche.pdf (06.04.2016)

GEW (2016): Bildungsangebote für alle Menschen ausbauen! Auf: https://www.gew.de/
presse/pressemitteilungen/detailseite/neuigkeiten/gew-bildungsangebote-fuer-alle-men-
schen-ausbauen/ (06.04.2016)

GEW (2015 a): »Es darf nicht an Papieren scheitern« – GEW veröffentlicht rechtssoziologi-
sche Studie. Auf: https://www.gew.de/aktuelles/detailseite/neuigkeiten/es-darf-nicht-an-pa-
pieren-scheitern-gew-veroeffentlicht-rechtssoziologische-studie (06.04.2016)

GEW (2015 b): Bildung kann nicht warten! GEW-Handlungsempfehlungen zur Gewährleis-
tung von Bildungszugängen und -teilhabe für Flüchtlinge und Asylsuchende. Auf: http://www.
gew.de/fileadmin/media/publikationen/hv/Bildung_und_Politik/Migration/GEW-Handlungs-
empfehlungen_Bildung_Fluechtlinge_und_Asylsuchende.pdf (05.04.2016)

Gnos, Lea (2016): Muslima Keller-Messahli zur Handschlag-Dispens in Therwil BL: »Im
Koran ist von einem Verbot keine Rede«. Auf: http://www.blick.ch/news/schweiz/basel/
muslima-keller-messahli-zur-handschlag-dispens-in-therwil-bl-im-koran-ist-von-einem-ver-
bot-keine-rede-id4875937.html (06.04.2016)

Goebels, Wilfried (2015): Schule: Nordrhein-Westfalen erwartet wegen Flüchtlingen
40 000 Schüler zusätzlich. Auf: http://www.derwesten.de/politik/40-000-schueler-zusaetz-
lich-in-nrw-id11077900.html (06.04.2016)

Gomolla, Mechthild (2010): Fördern allein genügt nicht! Mechanismen institutioneller Diskriminierung von Migrantenkindern im deutschen Schulsystem. In: Georg Auernheimer
(Hrsg.): Schieflagen im Bildungssystem. Die Benachteiligung der Migrantenkinder. Wiesbaden

Greiner, Lena (2016): »Flüchtlingskinder wollen keine Extrabehandlung«. Auf: http://www.spiegel.de/schulspiegel/fluechtlingskinder-an-schulen-was-lehrer-und-eltern-tun-koennen-a-1080432.html (06.04.2016)

Gromes, Nele (2015): Integration von Flüchtlingen. Nicht nur in Deutsch, sondern auch in Mathe punkten. Auf: http://www.faz.net/aktuell/wirtschaft/menschen-wirtschaft/die-schlau-schule-in-muenchen-bereitet-asylbewerber-auf-den-schulabschluss-vor-13809170.html (06.04.2016)

Hargasser, Brigitte (2014): Unbegleitete minderjährige Flüchtlinge. Sequenzielle Traumatisierungsprozesse und die Aufgaben der Jugendhilfe. Frankfurt am Main

Heckmann, Friedrich (2008): Zukunftsfähig sind nur Gesellschaften, die mit Vielfalt konstruktiv umgehen – Migration und Integration als globale Chance und Herausforderung. In: Bertelsmann Stiftung (Hrsg.): Integration braucht faire Bildungschancen. Gütersloh

Hering, Roma (2016): Flexibilität und viel Herz – internationale Förderklassen unterrichten. In: Neue Deutsche Schule, Heft 1/ 2016, S. 16 – 17

Himmelrath, Armin (2016): »Willkommen bei Freunden« – Integration durch Netzwerke. In: WDR 5, Sendung Leonardo, Sendedatum: 7.1.2016

Informationsblatt (2005): Informationsblätter des Referats für interkulturelles Lernen Nr. 1/2005. Auf: http://www.grg23vbs.ac.at/fileadmin/media/infomat/leistungsbeurteilung/02_Leistungsbeurteilung_Schueler_mit_nichtdeutscher_Muttersprache.pdf (06.04.2016)

Institut für Arbeitsmarkt-und Berufsforschung (2015): Flüchtlinge und andere Migranten am deutschen Arbeitsmarkt: Der Stand im September 2015. Auf: http://doku.iab.de/aktuell/2015/aktueller_bericht_1514.pdf (06.04.2016)

Jakubowsky, Christoph (2016): Asyl: Hamburg stellt 682 neue Lehrer für Flüchtlingskinder ein. Auf: http://www.abendblatt.de/hamburg/article207100711/Hamburg-stellt-682-neue-Lehrer-fuer-Fluechtlingskinder-ein.html (06.04.2016)

Kemper, Thomas (2016): Zur landesspezifischen Erfassung des Migrationshintergrunds in der Schulstatistik – (k)ein gemeinsamer Nenner in Sicht? http://elpub.bib.uni-wuppertal.de/edocs/dokumente/fbb/wirtschaftswissenschaft/sdp/sdp16/sdp16001.pdf (8.4.2016)

Kinderrechtskonvention (2016): Recht auf Bildung, Recht auf Schule. Auf: http://www.kinderrechtskonvention.info/recht-auf-bildung-recht-auf-schule-3620/ (06.04.2016)

Klostermann, Anne (2015): Bildungsfragen in der Flüchtlingskrise: wie eine gute Integration gelingen kann. Deutsche Gesellschaft für Psychologie. Auf: https://www.dgps.de/index.php?id=143&tx_ttnews%5Btt_news%5D=1661&cHash=d6fa0f9e7de91f36ac08d-4f8354955ed (06.04.2016)

Koalitionsvertrag (2013): Deutschlands Zukunft gestalten. Koalitionsvertrag zwischen CDU, CSU und SPD. Auf: https://www.cdu.de/sites/default/files/media/dokumente/koalitionsvertrag.pdf (06.04.2016)

Kramer, Bernd (2015): Schaden Flüchtlinge wirklich den deutschen Schülern? Auf: http://www.spiegel.de/schulspiegel/schaden-fluechtlinge-wirklich-deutschen-schuelern-a-1057919.html (06.04.2016)

Krutzler, David (2015): 53 Prozent mehr Schüler mit Deutschproblemen in Wien. Auf: http://derstandard.at/2000014950118/53-Prozent-mehr-Schueler-mit-Deutschproblemen-in-Wien?ref=article (06.04.2016)

Landesinstitut für Lehrerbildung und Schulentwicklung (2006): Hamburger Sprachförderkonzept. Auf: http://www.hamburg.de/contentblob/4025938/data/pdf-hamburger-sprachfoerderkonzept.pdf (06.04.2016)

Linsinger, Eva (2015): CONTRA: Brauchen Flüchtlinge in Österreich Werteschulungen? Auf: http://www.profil.at/oesterreich/debatte-brauchen-fluechtlinge-oesterreich-werteschulungen-linsinger-6057498 (06.04.2016)

Löhrmann, Sylvia (2016): Deutsch als Zweitsprache: Land fördert Qualifizierung an Hochschulen mit mehr als sechs Millionen Euro. Auf: https://www.schulministerium.nrw.de/docs/bp/Ministerium/Presse/Pressemitteilungen/2016_16_LegPer/PM20160302_MIWF_MSW_Deutsch_als_Zweitsprache/index.html (06.04.2016)

Lubos, Christian (2014): Kinderflüchtlinge und Flüchtlingskinder in Schweizer Schulen. Auf: http://vpod-bildungspolitik.ch/?p=1665 (06.04.2016)

Maag Merki, Katharina (2012, et al.): Qualität in multikulturellen Schulen (QUIMS)Eine Sekundäranalyse zur Überprüfung der Wirkungen und Wirkungsbedingungen von QUIMS anhand vorliegender Daten. Auf: http://www.bi.zh.ch/dam/bildungsdirektion/direktion/ Bildungsrat/archiv/brb_2012/Sitzung_4_Juni_2012/Quims_Schlussbericht_Maag.pdf. spooler.download.1341829718871.pdf/Quims_Schlussbericht_Maag.pdf (06.04.2016)

Massumi, Mona; von Dewitz, Nora; Grießbach, Johanna; Terhart, Henrike; Wagner, Katarina; Hippmann, Kathrin; Altinay, Lale; Becker-Mrotzek, Michael; Roth, Hans-Joachim (2015): Neu zugewanderte Kinder und Jugendliche im deutschen Schulsystem. Bestandsaufnahme und Empfehlungen. Hrsg.: Mercator-Institut für Sprachförderung und Deutsch als Zweitsprache und Zentrum für LehrerInnenbildung der Universität zu Köln. Auf: http:// www.mercator-institut-sprachfoerderung.de/fileadmin/Redaktion/PDF/Publikationen/MI_ ZfL_Studie_Zugewanderte_im_deutschen_Schulsystem_final_screen.pdf (06.04.2016)

Menkens, Sabine (2015): Flüchtlingskrise: Bis zu 300 000 neue Kinder an deutschen Schulen. Auf: http://www.welt.de/politik/deutschland/article147386375/Bis-zu-300-000-neue-Kinder-an-deutschen-Schulen.html (06.04.2016)

Meysen, Thomas; González Méndez de Vigo, Nerea (2015): Kinder auf der Flucht. In: impulse. Das Bulletin des Deutschen Jugendinstituts. Ausgabe 3/ 2015, S. 21 – 23

Meysen, Thomas Meysen; Gonzáles Méndez de Vigo, Nerea (2013): Kindeswohlvorrang nach Art. 3 Abs. 1 KRK und unbegleitete minderjährige Flüchtlinge. In: Forum Jugendhilfe, Heft 4, S. 24 – 32

Ministerium für Schule und Weiterbildung des Landes Nordrhein-Westfalen (2016): Maßnahmen des Ministeriums für Schule und Weiterbildung des Landes Nordrhein-Westfalen für zugewanderte Kinder und Jugendliche. Auf: https://www.schulministerium.nrw.de/docs/Schulsystem/Integration/Fluechtlinge/Massnahmen/Uebersicht-Massnahmen.pdf (06.04.2016)

Mittelstaedt, Katharina (2016): Wertekurse für Flüchtlinge: »Österreicher sind wie Zwiebeln«. Auf: http://derstandard.at/2000032222052/Wertekurse-fuer-Fluechtlinge-Wir-Oesterreicher-sind-wie-Zwiebeln (06.04.2016)

Neue Gesellschaft für Psychologie (2016): Traumatisierte Geflüchtete haben ein Recht auf qualifizierte psychotherapeutische Behandlung. Auf: http://www.ngfp.de/2016/03/traumatisierte-gefluechtete-haben-ein-recht-auf-qualifizierte-psychotherapeutische-behandlung/ (06.04.2016)

OECD (2015 a): OECD/EU-Studie: Nachholbedarf bei der Integration in Österreich, vor allem für die Kinder von Zuwanderern. Auf: http://www.oecd.org/berlin/presse/nachholbedarf-bei-der-integration-in-oesterreich-vor-allem-fuer-die-kinder-von-zuwanderern.htm (06.04.2016)

OECD (2015 b): Indicators of Immigrant Integration 2015. Auf: http://www.oecd.org/els/mig/Indicators-of-Immigrant-Integration-2015.pdf (06.04.2016)

OECD (2015 c): Integration von Flüchtlingen – welchen Beitrag kann das Bildungssystem leisten? Auf: http://www.oecd.org/berlin/presse/integration-von-fluechtlingenwelchen-beitrag-kann-das-bildungssystem-leisten.htm (06.04.2016)

Podium der Körber-Stiftung (2015): Neue Bildung braucht das Land. Podiumsdiskussion im Rahmen der Konferenz »Nach der ersten Hilfe – Wie sich Deutschland durch die Flüchtlinge verändert«. Es diskutieren Frauke Heiligenstadt, Matthias Anbuhl und Michael Stenger. Auf: http://www.ndr.de/fernsehen/Neue-Bildung-braucht-Land,fluechtlingskonferenz132.html (06.04.2016)

Gräfin Praschma, Ursula (2015): Aufenthaltssicherung für unbegleitete Minderjährige. Deutsches Institut für Jugendhilfe und Familienrecht. Auf: http://www.bamf.de/SharedDocs/Anlagen/DE/Downloads/Infothek/Presse/2015-06-22-graefinpraschma-aufenthaltssicherung-umf.pdf?__blob=publicationFile (06.04.2016)

Pro Asyl (2015): Vorrang des Kindeswohls statt Quoten-Verteilung von Flüchtlingskindern. Auf: https://www.proasyl.de/pressemitteilung/vorrang-des-kindeswohls-statt-quoten-verteilung-von-fluechtlingskindern/ (06.04.2016)

Reiter, Anja (2015): Schwieriger Start an deutschen Schulen. Auf: http://www.tagesspiegel.de/wissen/willkommensklassen-fuer-fluechtlinge-unterrichtet-werden-sie-oft-von-quereinsteigern-ohne-vorbereitung/12120610-2.html (06.04.2016)

Reusser, Tanja (2014): Flüchtlingskinder im Ambulatorium SRK: Vertrauen wiederfinden. https://www.redcross.ch/de/organisation/ambulatorium-fuer-folter-und-kriegsopfer/vertrauen-wiederfinden (06.04.2016)

Sadigh, Parvin (2015): Schulpflicht für Flüchtlinge: »Alphabetisierung ist noch ein großes Problem«. Auf: http://www.zeit.de/gesellschaft/schule/2015-10/studie-schule-fluechtlinge-willkommensklasse/komplettansicht (06.04.2016)

Schäfer, Dorothea (2016): Recht auf Bildung für Geflüchtete: Guter Wille allein reicht nicht. In: Neue Deutsche Schule, Heft 3/2016, S. 13

Schlauschule (2016 a): So arbeiten wir. Auf: http://www.schlau-schule.de/lehrkonzept/so-arbeitet-schlau.html (06.04.2016)

Schwald, Oliver (2016): Folter- und Kriegsopfer: »Es ist möglich, einen Umgang mit dem Erlebten zu finden«. https://www.redcross.ch/de/organisation/ambulatorium-fuer-folter-und-kriegsopfer/es-ist-moeglich-einen-umgang-mit-dem-erlebten (06.04.2016)

Shah, Hanne (2015): Eine Handreichung. Flüchtlingskinder und jugendliche Flüchtlinge in der Schule. Ministerium für Kultus, Jugend und Sport, Baden Württemberg. Auf: http://www.km-bw.de/site/pbs-bw-new/get/documents/KULTUS.Dachmandant/KULTUS/kultusportal-bw/Publikationen%20ab%202015/2015-10-21-Fluechtlingskinder-Screen.pdf (06.04.2016)

Siegert, Manuel (2008): Schulische Bildung von Migranten in Deutschland. Auf: https://www.bamf.de/SharedDocs/Anlagen/DE/Publikationen/WorkingPapers/wp13-schulische-bildung.pdf?__blob=publicationFile (06.04.2016)

Staatssekretariat für Migration (2016): Asylstatistik 2015. Auf: https://www.sem.admin.ch/sem/de/home/aktuell/news/2016/2016-01-28.html (06.04.2016)

Staib, Julian (2016): BaMF: Wie das Flüchtlingsamt den eigenen Erfolg schönrechnet. Auf: http://www.faz.net/aktuell/politik/fluechtlingskrise/wie-das-fluechtlingsamt-bamf-den-eigenen-erfolg-schoenrechnet-14128813.html (06.04.2016)

Stanat, Petra; Schwippert, Knut; Gröhlich, Carola (2010): Der Einfluss des Migrantenanteils in Schulklassen auf den Kompetenzerwerb. Längsschnittliche Überprüfung eines umstrittenen Effekts. Auf: http://www.pedocs.de/volltexte/2012/6952/pdf/Stanat_Schwippert_ Groehlich_Einfluss_des_Migrantenanteils.pdf (06.04.2016)

Stanat, Petra (2006): Schulleistungen von Jugendlichen mit Migrationshintergrund: Die Rolle der Zusammensetzung der Schülerschaft. Auf: http://doku.iab.de/veranstaltungen/2006/coll_2006_stanat_abstract.pdf (04.06.2016)

Statista (2016): Verteilung der Asylbewerber in Deutschland nach Altersgruppen im Jahr 2016. Auf: http://de.statista.com/statistik/daten/studie/452149/umfrage/asylbewerber-in-deutschland-nach-altersgruppen/ (06.04.2016)

Statista (2016): Verteilung der Asylbewerber in Deutschland nach Geschlecht innerhalb verschiedener Altersgruppen im Jahr 2016. Auf: http://de.statista.com/statistik/daten/studie/452165/umfrage/asylbewerber-in-deutschland-nach-geschlecht-innerhalb-altersgruppen/ (06.04.2016)

Statistisches Bundesamt (2015): Zahl der Schüler im Schuljahr 2014/2015 um 0,7 Prozent gesunken. Auf: https://www.destatis.de/DE/PresseService/Presse/Pressemitteilungen/2015/03/PD15_093_211.html (06.04.2016)

Stellungnahme Österreichischer Verband für Deutsch als Fremdsprache/Zweitsprache (2016): Stellungnahme des Österreichischen Verbandes für Deutsch als Fremdsprache/Zweitsprache zu den Lehr- und Lernbedingungen in AMS-Deutschkursen. Wien, 19.04.2016

Stellungnahme Österreichischer Verband für Deutsch als Fremdsprache/Zweitsprache (2015): Stellungnahme des Österreichischen Verbandes für Deutsch als Fremdsprache/Zweitsprache zur aktuellen „Flüchtlingssituation". Wien, 26.10.2015

Süssmuth, Rita (2008): Zehn Schritte zu besseren Chancen für Kinder und Jugendliche mit Migrationshintergrund im deutschen Bildungssystem In: Bertelsmann Stiftung (Hrsg.): Integration braucht faire Bildungschancen. Gütersloh

Tagesanzeiger (2016): Flüchtlingskinder fordern Schweizer Schulen heraus. Auf: http://www.tagesanzeiger.ch/schweiz/standard/Fluechtlingskinder-fordern-Schweizer-Schulen-heraus/story/30531518 (06.04.2016)

Townsend, Mark (2016): 10.000 refugee children are missing, says Europol. Auf: http://www.theguardian.com/world/2016/jan/30/fears-for-missing-child-refugees (06.04.2016)

Übereinkommen über die Rechte des Kindes (1951): Vereinte Nationen. Auf: http://www.bmfsfj.de/RedaktionBMFSFJ/Broschuerenstelle/Pdf-Anlagen/_C3_9Cbereinkommen-_C3_BCber-die-Rechte-des-Kindes,property=pdf,bereich=bmfsfj,sprache=de,rwb=true.pdf (06.04.2016)

VBE NRW (2016): Immer vollere Klassen = immer weniger Bildungsgerechtigkeit. Auf: http://www.vbe.de/presse/vbe-landespresse/nordrhein-westfalen/aktuell/aktuell-detail/article/immer-vollere-klassen-immer-weniger-bildungsgerechtigkeit.html (06.04.2016)

Vitzthum, Thomas; Büscher, Wolfgang: Migration: Für Flüchtlinge fehlen mehr als 10 000 Deutschlehrer. Auf: http://www.welt.de/politik/deutschland/article150340364/Fuer-Fluechtlinge-fehlen-mehr-als-10-000-Deutschlehrer.html (06.04.2016)

Volksschulamt Bildungsdirektion Kanton Zürich (2016 a): Qualität in multikulturellen Schulen (QUIMS). Auf: http://www.vsa.zh.ch/internet/bildungsdirektion/vsa/de/schulbetrieb_und_unterricht/qualitaet_multikulturelle_schulen_quims.html#subtitle-content-internet-bildungsdirektion-vsa-de-schulbetrieb_und_unterricht-qualitaet_multikulturelle_schulen_quims-jcr-content-contentPar-textimage_1 (06.04.2016)

Volksschulamt Bildungsdirektion Kanton Zürich (2016 b): Neu Zugezogene – Informationen für Eltern. Auf: http://www.vsa.zh.ch/internet/bildungsdirektion/vsa/de/schulbetrieb_und_unterricht/schule_migration0/neu_zugewanderte.html (06.04.2016)

Volksschulamt Bildungsdirektion Kanton Zürich (2014): Schwerpunkte von QUIMS 2014 – 2017: Schreiben auf allen Schulstufen, Sprache und Elterneinbezug im Kindergarten. Auf: http://www.vsa.zh.ch/internet/bildungsdirektion/vsa/de/schulbetrieb_und_unterricht/qualitaet_multikulturelle_schulen_quims/_jcr_content/contentPar/downloadlist/downloaditems/445_1390826804364.spooler.download.1392632872963.pdf/quims_schwerpunkte_2014bis2017_web.pdf (06.04.2016)

Volksschulamt Bildungsdirektion Kanton Zürich (2008): Umsetzung Volksschulgesetz: Handreichung – Qualität in multikulturellen Schulen (QUIMS). Auf: http://www.vsa.zh.ch/internet/bildungsdirektion/vsa/de/schulbetrieb_und_unterricht/qualitaet_multikulturelle_schulen_quims/_jcr_content/contentPar/downloadlist_1/downloaditems/751_1289910204702.spooler.download.1391004217588.pdf/quims_handreichung.pdf (06.04.2016)

Weiguny, Bettina (2016): Lehrer Michael Stenger: »Niemand ist motivierter als Flüchtlinge«. Auf: http://www.faz.net/aktuell/wirtschaft/lehrer-michael-stenger-im-interview-ueber-fluechtlings-schule-14056511.html (06.04.2016)

Weiser, Barbara (2014): Recht auf Bildung für Flüchtlinge. Rahmenbedingungen des Zugangs zu Bildungsangeboten für Asylsuchende, Flüchtlinge und Migranten mit Duldung (schulische oder berufliche Aus- und Weiterbildung). Auf: http://www.asyl.net/fileadmin/user_upload/redaktion/Dokumente/Publikationen/RechtBildung_online2014.pdf (06.04.2016)

Wiarda, Jan-Martin (2015): Integration: »Zwei Drittel können kaum lesen und schreiben«. Auf: http://www.zeit.de/2015/47/integration-fluechtlinge-schule-bildung-herausforderung (06.04.2016)

Wiener Zeitung (2015): „Vorbereitungsklassen" zur Sprachförderung. Auf: http://www.wienerzeitung.at/nachrichten/oesterreich/politik/742677_Vorbereitungsklassen-zur-Sprachfoerderung.html (06.04.2016)

Worbs, Susanne; Bund, Eva (2016): Asylberechtigte und anerkannte Flüchtlinge in Deutschland: Qualifikationsstruktur, Arbeitsmarktbeteiligung und Zukunftsorientierungen. Auf: http://www.bamf.de/SharedDocs/Anlagen/DE/Publikationen/Kurzanalysen/kurzanalyse1_qualifikationsstruktur_asylberechtigte.pdf?__blob=publicationFile (06.04.2016)

Abbildungsnachweis